LE **LIVRE NOIR** DU **VÉGANISME**

PEUT-ON ÊTRE **ABSOLUMENT ÉTHIQUE** ?

Éditions Kiwi
5, rue de Charonne, 75011 Paris

Création graphique et couverture : Charlotte Thomas
Mise en pages : Cromatik Ltd
Illustrations : Shutterstock.com

ISBN : 978-2-37883-062-5

LOUISE KAHORS

LE **LIVRE NOIR** DU **VÉGANISME**

PEUT-ON ÊTRE **ABSOLUMENT** **ÉTHIQUE** ?

kiWi

SOMMAIRE

INTRODUCTION

Plus qu'un flexitarien, un végétarien ou un végétalien, le végan s'inscrit dans une profonde remise en question de son mode de vie, remaniant l'un après l'autre tous les aspects de son existence quotidienne, en se basant sur une exclusion systématique et catégorique de tout produit d'origine animale ou testé sur l'animal. Le véganisme se définit en soi comme le meilleur défenseur de la cause animale, toute utilisation de ce dernier étant considérée comme une maltraitance. Pour certains, cette cause va jusqu'à abolir la notion d'espèce biologique, qui nous sépare des autres animaux. En ayant pour finalité le bien-être animal, ce mouvement d'opinion revendique également un faible impact sur l'environnement et une meilleure santé pour les végans, par rapport au reste de la population.

Dans cet ouvrage, nous nous sommes intéressés de plus près au véganisme et à ses ambitions. À travers de multiples exemples, il apparaît que le véganisme ne semble pas clairement répondre aux objectifs qu'il s'est lui-même fixés. L'alimentation végane ou végétalienne est par définition carencée et ne peut donc pas être 100 % naturelle. Si le véganisme reste un choix de vie, il ne réunit pas toutes les conditions pour être la solution la plus appropriée pour ceux qui souhaitent préserver leur santé. Défense de la cause animale et préservation de l'environnement sont bien souvent intimement liées. Là encore, le véganisme se retrouve souvent en situation d'échec, avec un bilan carbone pas toujours en sa faveur, et une atteinte parfois importante de la biodiversité.

Évidemment, le végan n'a pas à rougir devant l'omnivore, mais il serait bien loin de pouvoir donner des leçons. Se positionnant bien souvent en exemple, la réalité apparaît tout autre. L'homme, quoi qu'il fasse, impacte son environnement et les animaux avec lesquels il partage l'écosystème. L'homme et les animaux ont évolué ensemble depuis qu'ils sont apparus sur Terre. Introduire de la modération dans les propos et les actions des végans pourrait permettre une meilleure acceptation de leur vision des choses. Les flexitariens, par exemple, s'inspirent volontiers de l'alimentation végétarienne ou même végane, mais sans aller jusqu'à supprimer tout produit d'origine animale de leur consommation. Nombreux sont ceux qui, aujourd'hui, prennent de plus en plus conscience des dérives de l'agriculture, de notre alimentation souvent trop carnée ou de l'exploitation souvent abusive des animaux. Mais pour autant, il est nécessaire de rester réalistes sur le fait que l'homme ne peut pas vivre totalement coupé du reste du monde animal. Le véganisme semble échouer principalement à cause de son absolutisme. Une solution serait sans doute de revenir à une certaine forme de modération, qui remplirait plus sûrement les objectifs fixés par les végans en matière d'environnement, de santé et de respect de l'animal.

DU **FLEXITARISME** AU **VÉGANISME :** L'**ÉVOLUTION** DES **MODES** D'**ALIMENTATION**

Parmi la liste innombrable des régimes alimentaires successivement en vogue dans les pays occidentaux, les régimes alimentaires d'exclusion font figure d'exception. Leur objectif avoué n'est pas la recherche d'un idéal physique correspondant aux canons de la beauté, mais l'élimination de certaines catégories d'aliments, considérées comme néfastes pour la santé, pour le bien-être animal et/ou pour l'environnement.

> Définitions des modes d'alimentation basés sur l'exclusion

Les modes alimentaires basés sur l'exclusion de certains aliments fleurissent depuis plusieurs décennies dans les pays industrialisés. Les motivations des concepteurs et des adeptes de ces régimes sont le plus souvent liées à des enjeux environnementaux, au bien-être animal et au souhait de manger plus sainement. Selon les aliments exclus, il est possible d'établir tout une gamme de modes alimentaires d'exclusion, du flexitarisme au véganisme, ce dernier cas englobant plus que l'alimentation, car il revisite tous les aspects du mode de vie.

ZOOM SUR LE FLEXITARISME

Le flexitarisme, parfois appelé « semi-végétarisme », est un mode d'alimentation qui consiste à essayer de végétaliser au maximum son alimentation, sans devenir totalement végétarien. Le flexitarien est en quelque sorte un végétarien flexible, qui s'autorise un peu d'aliments d'origine animale de temps en temps.

Le flexitarisme est assez récent, puisqu'il s'est développé dans les années 1990 aux États-Unis, suite notamment aux mouvements militants dénonçant les conséquences de l'élevage intensif. Si les flexitariens partagent généralement les mêmes motivations que les végétariens ou les végétaliens, ils s'autorisent la consommation de viandes, de poissons ou de produits d'origine animale, le plus souvent en dehors de leur domicile, au travail, avec des amis, en soirée, etc.

Les dernières recommandations nutritionnelles de nombreux pays développés préconisent de limiter la consommation hebdomadaire de viande. De plus en plus de personnes choisissent librement de moins consommer de produits d'origine animale par choix (motivations alimentaires et de santé), d'autres par obligation (coût de la viande, problèmes de santé). Plusieurs estimations récentes font état de 30 % de flexitariens en France en 2015, un chiffre qui serait en hausse d'année en année. Pour être plus précis, un tiers des foyers français comporteraient au moins un « flexitarien[1] ». L'absence de règles strictes dans le flexitarisme est certainement l'une des raisons qui font le succès grandissant de ce mode d'alimentation.

Les motivations des flexitariens ne sont pas exactement les mêmes que celles des végans. Le flexitarien choisit de limiter sciemment sa consommation de produits d'origine animale le plus souvent pour améliorer sa santé personnelle et pour limiter le recours à la viande. Ce choix de mode alimentaire s'apparente largement à un choix personnel, individuel, plutôt qu'à une adhésion à un mouvement d'ampleur comme le véganisme. Cette prise de conscience personnelle résulte aussi d'un constat grandissant depuis quelques années : compte tenu de l'évolution de la population mondiale, il paraît inenvisageable à l'heure actuelle de pouvoir nourrir toute la planète grâce à l'élevage et aux modes de cultures actuels. D'autres solutions doivent être

1. Étude de l'échantillon de consommateurs Kantar Worldpanel, novembre 2017.

trouvées, et nombreux sont ceux qui encouragent le flexitarisme.

Au quotidien, le flexitarisme est flexible, comme son nom l'indique. Aucun aliment n'est strictement interdit, le flexitarien peut consommer de tout. Néanmoins, dans une démarche personnelle et à un degré volontairement choisi, il décide de réduire sa consommation de produits animaux. En général, le flexitarien est végétarien ou végétalien à son domicile, et omnivore le reste du temps. Le flexitarien peut aussi alterner entre des périodes totalement végétariennes sur plusieurs mois et des moments plus omnivores, où sa consommation de produits animaux sera plus importante. Rien ne semble figé, le cadre est tout sauf strict, au contraire du véganisme.

Devenir flexitarien, c'est un peu comme adopter le régime méditerranéen. On privilégie les fruits et les légumes, les huiles végétales, les oléagineux et on limite sa consommation de viandes autant que possible. Généralement, les poissons et les produits de la mer sont par contre privilégiés. Le flexitarien se démarque notablement des autres modes d'alimentation basés sur l'exclusion (les végétariens, les végétaliens et les végans) par son cadre beaucoup moins contraignant. L'exclusion n'est pas de rigueur, c'est sans doute l'une des clés de son succès.

ZOOM SUR LE VÉGÉTARISME

Le végétarisme est un mode d'alimentation, basé sur l'exclusion de toutes les chairs animales, c'est-à-dire des viandes (rouges ou blanches), mais aussi des produits de la pêche (poissons, crustacés, mollusques). En revanche, les végétariens consomment certains produits d'origine animale, comme les œufs, le lait et les produits laitiers (yaourts, fromages) et les produits de la ruche (miel). Par rapport au flexitarisme, l'exclusion est ici une règle stricte. En 2015, selon les estimations[2], la France comptait entre 1,5 % et 3 % de végétariens, en grande partie des femmes. D'autres sources évoquent un chiffre de 5 % de végétariens et de végans en France. En effet, bien souvent, il est difficile d'obtenir des statistiques précises différenciant les populations végétariennes, végétaliennes et végans.

Le choix d'une alimentation végétarienne repose le plus souvent sur la volonté de préserver le bien-être animal, mais aussi sur un rejet personnel de la viande. Nombreux sont les végétariens à témoigner d'un dégoût de la viande notamment crue, du sang, etc. Tous les aliments produits à partir de la chasse, de l'abattage des animaux ou de la pêche sont proscrits. En revanche, les végétariens acceptent de manger des produits issus de l'agriculture, comme les œufs

2. En 2016, un sondage OpinionWay pour le magazine *Terra Eco* chiffrait à 3 % la proportion de végétariens en France.

ou les produits laitiers. Le végétarien n'est pas opposé à l'utilisation des animaux et des produits de l'élevage, mais il renonce à la consommation de la chair animale. Le renoncement personnel est souvent plus important que l'attachement à une cause de défense animale dans le choix d'une alimentation végétarienne.

Adopter une alimentation saine et équilibrée, qui respecte les apports journaliers recommandés, demande un peu d'entraînement pour un végétarien mais reste tout à fait possible avec un minimum de connaissances. Comme les végétariens mangent régulièrement des produits laitiers et des œufs, les risques de carence sont moindres, notamment en vitamine B12 et en vitamine D. Les apports en protéines doivent faire l'objet d'une attention particulière, et il est conseillé de manger régulièrement des légumineuses pour assurer les apports en fer. En parallèle du végétarisme classique, plusieurs modes d'alimentation sont souvent décrits comme apparentés à ce dernier :

- le pescetarisme, parfois appelé le pescovégétarisme, est une forme de végétarisme qui exclut les chairs animales sauf les produits de la pêche (poissons, crustacés, mollusques). Cette forme d'alimentation se rapproche de celle ancestrale adoptée et vantée par les Cathares, et que certains adeptes souhaitent remettre au goût du jour ;
- le pollotarisme est un mode d'alimentation qui exclut toutes les chairs animales, sauf les volailles (poulet, pintade, dinde, canard, oie, caille, ...) ;

- le pescopollotarisme consiste à supprimer toutes les chairs animales, sauf les volailles et les produits de la pêche.

En réalité, la plupart des végétariens *stricto sensu* n'admettent pas la multiplication des appellations, ni l'amalgame fait entre ces différents modes d'alimentation, considérant que tous les animaux devraient être sur un pied d'égalité. Pourquoi alors faire un cas particulier pour le poulet ou pour les crustacés ? Effectivement, sur un plan purement théorique, il n'existe aucune raison de distinguer certains animaux par rapport à d'autres, si ce n'est pour une question de goût et de choix personnel. D'autres aspects semblent donc entrer en ligne de compte dans les choix alimentaires des végétariens, notamment leurs goûts alimentaires, la viande rouge étant souvent la plus rejetée ou la première bannie par les végétariens.

Grâce aux apports alimentaires réguliers en nutriments d'origine animale, notamment des protéines, des vitamines du groupe B et de certains lipides, il est tout à fait possible d'avoir une alimentation équilibrée en étant végétarien. Une supplémentation ou des compléments alimentaires ne sont absolument pas nécessaires, sauf dans des contextes particuliers, en cas de pathologie chronique, de grossesse ou d'allaitement.

ZOOM SUR LE VÉGÉTALISME

Allant encore plus loin dans l'exclusion, le végétalisme est un mode d'alimentation, et de manière plus étendue un mode de consommation, qui exclut tous les produits alimentaires issus d'animaux, qu'ils soient morts ou vivants. Par rapport à un végétarien, un végétalien ne consomme aucun produit d'origine animale, donc aucune viande, aucun produit de la mer, pas de lait ni de produits laitiers, pas d'œufs ni de produits de la ruche. L'exclusion prend ainsi une autre dimension plus catégorique : tout dérivé animal est banni de l'alimentation.

En supprimant tout produit d'origine animale de l'alimentation, le végétalisme ne se positionne non plus comme un choix personnel d'alimentation, mais comme un mouvement de défense de la cause animale, qui revendique la possibilité de manger sainement sans impacter le monde animal. En revanche, le végétalien impacte le monde animal par tous les autres aspects de sa vie quotidienne ; l'habillement, le maquillage, les parfums, l'hygiène, l'entretien de la maison, la santé, etc. En cela, le végétalisme reste bien un mode d'alimentation et non un mode de vie.

Le végétalisme est souvent considéré comme plus modéré que le véganisme dans la mesure où il se restreint à l'alimentation. Par conséquent, les végans sont souvent assez critiques par rapport aux végétariens et aux végétaliens, considérant qu'ils ne vont pas au bout de leur démarche.

Cette désapprobation conduit d'ailleurs de nombreux végétariens à devenir végétaliens, et de nombreux végétaliens à devenir végans...

Le régime alimentaire des végétaliens est plus drastique que celui des végétariens. Finis le lait, les produits laitiers, les œufs ou les produits de la ruche... Avec ces coupes franches alimentaires, le risque de déficits et de carences en certains nutriments essentiels augmente fortement. Un suivi diététique ou nutritionnel, ou encore de solides connaissances en nutrition, deviennent nécessaires pour limiter ces risques, qui peuvent avoir de graves conséquences sur la santé. En pratique, les végétaliens doivent recourir à des compléments ou des suppléments nutritionnels, notamment en vitamine B 12, en calcium, en acides gras insaturés, en fer ou en vitamine D.

ZOOM SUR LE VÉGANISME

Le véganisme est parfois appelé « le végétalisme intégral », notamment au Québec et plus rarement en France. Il repose sur l'exclusion systématique et catégorique de tout produit issu des animaux ou de leur exploitation. Cette exclusion ne concerne donc pas uniquement l'alimentation, mais tous les domaines de la vie courante. Le véganisme s'inscrit ainsi d'emblée dans une complète révolution de la manière de vivre traditionnelle que les pays occidentaux pratiquent depuis plusieurs siècles. La prise de position est radicale en supprimant de sa vie quotidienne tout produit issu de l'animal ou testé sur ce dernier.

Sur le plan de l'alimentation, le végan se nourrit exactement comme un végétalien. Alimentation végan et alimentation végétalienne sont strictement synonymes. Parallèlement, un certain nombre de végans choisissent de concilier l'alimentation végétalienne avec le crudivorisme. Le crudivorisme est un mode d'alimentation basé sur la consommation d'aliments crus, ou très faiblement cuits, à une température qui ne doit pas excéder les 40°C. Le véganisme crudivore est donc l'une des dernières tendances actuelles, revendiquant la consommation des aliments dans leur intégralité naturelle, sans presque aucun procédé de transformation. Certains spécialistes distinguent ainsi deux catégories de végans :

- les végans cuits, qui se nourrissent préférentiellement de fruits et de légumes crus et cuits, de légumineuses, de graines et autres oléagineux ainsi que de céréales ;
- les végans crus ou crudivores, qui s'alimentent des mêmes aliments, mais consommés crus ou cuits à faible température.

Les adeptes du crudivorisme n'ont concrètement pas les mêmes attentes et revendications que les végans. Les végans justifient leur mode de vie par la défense de la cause animale et de l'environnement, tandis que les crudivores se focalisent sur les bienfaits d'une alimentation sans cuisson. Selon ces derniers, la cuisson dénature les aliments et détruit des nutriments essentiels pour le fonctionnement de l'organisme. Cet argument est en partie vrai. Par exemple, une grande partie des vitamines hydrosolubles est détruite au moment de la cuisson. Mais ce n'est pas valable pour tous les aliments et les nutriments.

Certains aliments, comme les lentilles, sont totalement indigestes crus et ne peuvent être consommés que cuits, où ils s'avèrent très intéressants sur le plan nutritionnel. La pomme de terre est parfaitement immangeable crue. Par ailleurs, certaines substances bénéfiques, comme le lycopène de la tomate aux propriétés antioxydantes, n'acquièrent leurs vertus qu'après la cuisson. De plus, tous les modes de cuisson ne se valent pas. Si les dangers de la cuisson au grill, génératrice de produits cancérogènes, sont désormais bien décrits, la cuisson à la vapeur préserve de manière optimale les qualités nutritionnelles des aliments. Si le véganisme et le crudivorisme s'affichent volontiers ensemble, leurs fondements sont très différents.

À l'image du lien souvent étroit entre crudivorisme et véganisme, le végan est souvent un grand adepte des produits biologiques. En théorie, le véganisme n'impose pas de consommer des produits issus de l'agriculture biologique mais, en pratique, les végans privilégient autant que possible le « bio », pour rester dans leur logique de préservation de l'environnement et de défense de la cause animale.

En France, selon une récente étude[3], près de 1 % de la population serait végan (quelque 350 000 personnes) tandis que 2 % (quelque 1,3 million de personnes) seraient végétariens alors que les flexitariens pèsent à hauteur d'un tiers de la population, soit près de 23 millions de personnes. Mais des chiffres précis sur le nombre de végans en France restent toujours difficiles à obtenir. S'il est difficile de déterminer quelle marge de la population serait assurément végan ou végétarienne, les chiffres de l'économie sont parlants : « Les ventes de produits végétariens et végans ont généré l'an dernier un chiffre d'affaires en hausse de 24 %, à 380 millions d'euros, dans les grandes et moyennes surfaces (GMS) françaises », relayait *Le Figaro* en début d'année 2019.

Le quotidien d'un végan, dans une société qui consomme des produits d'origine animale depuis des siècles, peut se montrer complexe. Tous les aspects de la vie courante sont en effet bouleversés par ce choix de vie pour le moins original :

- l'alimentation ;
- le logement ;
- l'entretien de la maison ;
- l'habillement ;
- la santé ;
- l'hygiène et les soins corporels ;
- etc.

3. Étude de l'institut Xerfi en 2018.

En pratique, le végan ne mange que du végétal, cru ou cuit selon ses convictions et ses envies, s'habille avec des vêtements en coton ou en matières synthétiques, porte des chaussures en fibres végétales ou synthétiques, n'utilise que des produits cosmétiques ou d'entretien non testés sur les animaux et prend chaque jour soin d'interagir le moins possible avec les animaux. Pour certains végans poussant la logique à l'extrême, toute interaction avec l'animal pourrait être interprétée comme une forme d'exploitation et donc de maltraitance.

D'une certaine manière, le végan vit un peu à l'écart de la plus grande partie de la société. En France, notamment, où la gastronomie s'illustre avec de nombreux plats basés sur la viande ou le fromage, il n'est pas toujours facile de revendiquer l'éradication de tout produit d'origine animale. Le passage d'une vie « normale » à une vie végane entraîne souvent de nombreux changements dans :

- la vie personnelle : la famille et les amis peuvent avoir du mal à accepter et à comprendre un tel choix. Le végan peut avoir envie de rallier son entourage proche à son nouveau mode de vie. Une incompréhension mutuelle peut alors naître, parfois source de conflits ;
- la vie professionnelle : le végan peut avoir des difficultés dans son environnement professionnel, qui ne répond généralement pas à ses critères. Questionnements des collègues, difficultés au moment d'aller au restaurant d'entreprise ou en repas d'affaires peuvent faire partie du quotidien du végan ;

- la vie sociale : certains végans souhaitent s'impliquer pour faire connaître le véganisme et ses revendications, tandis que d'autres préfèrent garder ce choix de vie pour eux sans l'ébruiter outre mesure.

Beaucoup souhaitent convertir leur entourage à leur nouveau mode de vie, convaincus qu'il s'agit d'une solution universelle aux grands problèmes de notre temps. Si certains sont tolérants vis-à-vis des omnivores, d'autres sont beaucoup plus vindicatifs. Alors même que les végans prônent la tolérance et le respect dans les relations avec l'animal, certains peuvent se montrer moins tolérants vis-à-vis de leurs proches ne souhaitant pas souscrire au même régime. Le dialogue entre omnivores et végans est souvent difficile, parfois très houleux. Le discours végan peut rapidement devenir accusateur, l'omnivore pouvant être qualifié de monstre cautionnant le massacre des animaux.

> Entre modes d’alimentation et style de vie

Au-delà d'un simple choix de s'alimenter autrement, le végan décide de vivre autrement. Le passage au véganisme est une profonde remise en question de la vie quotidienne. Mais quel est son fondement ?

LE VÉGANISME : DES ORIGINES À NOS JOURS

Le véganisme est né aux États-Unis dans les années 1940. En 1944, le premier adepte du véganisme, Donald Watson, un Américain, crée la Vegan Society, la première communauté végan au monde. Dès le départ, l'ambition est la défense de la cause animale, associée à la préservation de l'environnement et de la santé. Le mouvement se développe ensuite progressivement sur le continent américain, aux États-Unis et au Canada, puis en Europe.

Étonnamment – ou pas – le véganisme semble étroitement lié au niveau de développement socio-économique des pays où ce modèle fait des adeptes. Dans les pays en voie de développement, et en particulier ceux touchés par la disette ou la famine, personne ne semble s'intéresser au véganisme et à ses revendications. Quand il s'agit de vivre, voire de survivre, ce genre de considérations paraît bien superflu. Dans le monde aujourd'hui, selon l'Organisation Mondiale de la Santé (OMS), 821 millions de personnes souffrent de la faim. Dans un contexte de survie, il semble peu problème de refuser une pièce de viande lorsqu'elle se présente à soi ; le véganisme serait-il alors une sorte de luxe que peuvent s'offrir les pays riches ?

Dans ces pays développés, il serait également intéressant de connaître le niveau socio-économique des végans. Si les populations les plus défavorisées consomment généralement moins de viande, ce n'est souvent pas par conviction, mais surtout par manque de moyens. Le véganisme serait ainsi une préoccupation à la portée de ceux qui le peuvent, mais ne pourrait pas se généraliser à l'ensemble de la planète. Alors que les végans critiquent le reste de la population dans les pays développés, que pensent-ils des populations affamées qui se nourriraient bien du moindre morceau de viande disponible ?

Par ailleurs, le fondement du mouvement végan – la force de leurs revendications est telle que le véganisme peut réellement être qualifié de mouvement d'opinion – repose sur une notion fondamentale : les animaux sont dotés de sentiments et d'émotions, et sont donc des êtres sensibles au même titre que les êtres humains. De là naît la volonté de proscrire tout produit issu de l'exploitation animale, puisque tout ce que nous utilisons à partir des animaux est considéré par les végans comme une exploitation et qu'une exploitation est une forme de maltraitance. Certains végans vont jusqu'à comparer l'élevage des animaux aux génocides humains qui ont marqué les dernières décennies, des comparaisons pouvant être considérées comme choquantes du point de vue de la « morale » et qui ternissent souvent l'image du véganisme. Rappellons que nous évoquons dans cet ouvrage « le véganisme » et « les végans » comme un ensemble pour en dresser un portrait global. Nous gardons cependant à l'esprit que cette communauté peut être elle-même divisée en sous-catégories disparates, pouvant se quereller entre elles.

À partir de ses idées fondatrices, le véganisme propose une profonde remise en cause des relations entre l'homme et l'animal. Poussé à l'extrême, le véganisme se teinte de welfarisme, une approche dérivée du conséquentialisme et de l'abolitionnisme. Le welfarisme, un terme qui dérive du mot anglais *welfare* (« bien-être »), repose sur le postulat que toute action humaine, en l'occurrence sur les animaux, doit être évaluée sur la base de ses conséquences sur le bien-être humain ou animal. L'objectif ultime du véganisme est ainsi d'abolir toute exploitation du règne animal et de supprimer toutes les barrières entre les espèces biologiques.

Sans aller jusqu'aux théories abolitionnistes, qui ne concernent sans doute qu'une petite proportion des végans, nous pouvons nous interroger. Qu'est-ce qui prédomine dans le choix d'une vie végane, des choix individuels ou l'envie d'adhérer à une nouvelle identité sociétale ? Le véganisme est-il le fruit d'une évolution des sociétés modernes ou un choix personnel à un moment particulier de la vie ?

DU FLEXITARIEN AU VÉGAN : UNE ÉVOLUTION SOCIÉTALE

Tout au plus, les végans ne réunissent que quelques pourcents de la société française. Mais que représentent-ils ? Sont-ils les témoins d'une évolution des consciences au sein de la société ?

› Prise de conscience ou remise en question de l'espèce humaine ?

Au cours de son histoire, il est arrivé à l'homme d'être végétarien mais jamais végan et, le plus souvent, il a été végétarien par obligation, faute de nourriture ou d'outils pour utiliser des ressources animales. Il s'est nourri de fruits, de racines, de baies, mais il a su dès son origine utiliser les produits issus des animaux, pour se nourrir, se vêtir, se chauffer et a appris très vite à apprivoiser certaines espèces animales. Les premières traces d'utilisation des animaux remontent aux temps les plus anciens. Même l'Homme de Néandertal, une espèce d'Homo aujourd'hui éteinte, chassait déjà, les paléontologues en ont apporté les preuves, par le nombre d'ossements de grands mammifères découverts dans leurs grottes. Un autre de nos ancêtres, l'australopithèque, était déjà carnivore, comme en témoignent les traces d'outils utilisés pour le dépeçage des antilopes.

L'exemple le plus démonstratif du lien ancestral entre l'homme et l'animal est certainement la domestication du loup, qui a entraîné l'évolution du loup vers le chien. Survenue entre le Paléolithique et le Néolithique, cette étape de l'évolution commune de l'homme et du loup était concomitante de la naissance de l'agriculture. Le chien est-il utilisé, au sens « exploité », par l'homme ? En cela qu'il en dépend pour tous les aspects essentiels de la vie, il est possible de répondre par l'affirmative. Et pourtant, de nombreux végans possèdent un chien ou un chat comme animal de compagnie. Pourquoi ne se considèrent-ils pas alors comme des exploitants de l'animal ? La question se pose mais, bizarrement, personne ne semble vouloir y répondre. Selon la même logique, la mode végane a récemment conquis les aliments pour les animaux domestiques. Cette conversion forcée des chiens et des chats à l'alimentation végane apparaît surprenante et même éthiquement douteuse, puisque toutes les données scientifiques confirment que ces animaux sont majoritairement carnivores.

Le véganisme viendrait ainsi à l'encontre de millénaires d'histoire anthropologique et biologique et remettrait en cause jusqu'au fondement même de notre espèce et bien évidemment de notre société. Certains végans appuient leur thèse sur des données biologiques, physiologiques et morphologiques pour justifier que l'homme ne serait pas un omnivore, mais bien un herbivore sur le plan biologique. Notre estomac ne ressemble pourtant pas vraiment à la panse d'une vache ou nous ne possédons pas de gésier comme les poules ! Nos dents sont adaptées à la mastication de la viande et aux produits d'origine animale. Sans oublier que certaines vitamines essentielles à notre survie ne se retrouvent que dans des sources animales, comme nous le verrons plus loin.

Face à ces interrogations, le véganisme pourrait être une conséquence de notre société moderne, à la recherche de ses valeurs et de ses repères. Pour rompre avec l'héritage et les dérives de la société, certains seraient tentés de chercher de nouvelles approches, quitte à les justifier à tout prix. Si l'homme ne doit pas maltraiter les animaux – il n'est pas nécessaire d'être végan pour condamner la maltraitance animale – toute utilisation animale peut-elle être assimilée à une forme de maltraitance ?

› Les labels végan

Aujourd'hui, force est de constater que la mode *veggie* (nom anglophone donné aux végans) s'impose un peu partout et de plus en plus. Pour aider les adeptes à y voir plus clair, des labels, des étiquetages et des certifications fleurissent sur nos produits alimentaires ou cosmétiques. À ce jour, aucune réglementation ni loi n'encadre la certification végane. Chaque entreprise peut donc créer son propre pictogramme et utiliser l'appellation « végan » comme bon lui semble. Ces labels et étiquettes misent donc sur la mode végane, mais sans qu'aucun contrôle ne soit clairement établi.

Les principales associations de végétariens et de végans considèrent aujourd'hui comme fiables douze labels officiels dans le monde, gérés par des organismes indépendants, principalement localisés aux États-Unis, au Canada, en Europe et au Japon. L'apposition de ces labels sur les produits garantit aux végans que les produits correspondent bien à leurs valeurs éthiques et morales de non-utilisation des animaux. Il existe également des certifications pour l'agriculture végane.

eve VEGAN®[4]

Parallèlement aux étiquetages végan, il n'est pas rare de trouver sur certains produits une autre mention *cruelty free* (« sans cruauté » en français). Cet étiquetage garantit seulement que le produit n'a pas été testé sur des animaux vivants, mais il peut tout à fait contenir des ingrédients d'origine animale. Les végans ne peuvent donc en théorie pas consommer des produits *cruelty free* qui ne portent pas en plus une certification végane. Témoignages de l'engouement végan, non seulement auprès de la communauté végane mais aussi d'un nombre croissant de consommateurs qui se veulent éthiquement responsables, les labels fleurissent, mais peuvent aussi induire le consommateur en erreur, faute de réglementation adaptée.

---

4. Le label EVE VEGAN, valable à l'international, délivré par l'organisme Expertise Végane Europe.

› Le véganisme, un véritable mouvement d'opinion

L'essor du véganisme depuis son apparition, et surtout depuis une ou deux décennies, est en partie corrélé à l'émergence des problématiques environnementales alliée à la prise de conscience d'un développement à outrance de l'agriculture, et en particulier de l'élevage intensif. Les grands scandales sanitaires qui surviennent depuis les années 1980, comme la crise de la vache folle dans les années 1990, le scandale de la viande de cheval dans les plats surgelés en 2015, ou plus récemment l'importation de viande polonaise issue de bêtes malades et impropres à la consommation, sont chaque fois largement repris par le mouvement végan pour justifier son rejet des produits issus de l'élevage. Chaque scandale est utilisé par les influenceurs de la communauté végane comme une nouvelle justification de leur démarche et de son bien-fondé.

La suspicion vis-à-vis de l'industrie agro-alimentaire fait le lit de ces modes alimentaires d'exclusion. À chaque nouveau scandale sanitaire, la consommation de viande diminue et le nombre de flexitariens, de végétariens, de végétaliens et de végans augmente. À l'inverse, les alertes sanitaires touchant les produits d'origine végétale semblent avoir moins d'impact sur les modes de consommation. Ainsi, le scandale des graines germées en 2011, contaminées par des bactéries de type Escherichia coli, qui a fait plus de 300 morts en Europe, n'a pas entraîné d'augmentation de la consommation de viande. De même, en 2011, des concombres « bios » issus d'Espagne, contaminés par la même bactérie, ont fait plusieurs victimes en Allemagne sans entraîner de remise en question profonde sur les méthodes de culture utilisées. Les végétaux auraient-ils le bénéfice du doute, tandis que les produits d'origine animale auraient d'emblée une connotation négative, et seraient prêts à être ciblés au moindre évènement ? Il semble effectivement que l'opinion publique, orientée par les médias et de puissantes associations véganes, jette un regard suspect sur l'élevage moderne.

Les méthodes d'élevage, et surtout les techniques d'abattage, sont souvent au cœur du problème. Les campagnes médiatiques montrant des images de torture animale dans des abattoirs sont autant d'arguments en faveur du véganisme. Mais tous les élevages ne sont pas des élevages en batterie et tous les animaux ne sont pas abattus dans des conditions inhumaines. Faut-il nécessairement faire un amalgame de tous les types d'élevage et d'exploitation de l'animal ?

Repartons du postulat végan : les animaux, tous les animaux, sont des êtres sensibles et à ce titre, nous ne devons pas les tuer ou les utiliser. Mais la Terre est peuplée d'autres êtres vivants que les animaux : les plantes, les champignons, les bactéries, les virus... Ces êtres ne sont-ils pas sensibles ? Certains vers sont dépourvus de système nerveux central et sont, à ce titre, considérés comme insensibles à la douleur par les scientifiques, ce qui va à l'encontre des théories véganes. À l'inverse, les plantes sont dotées comme nous d'un système immunitaire pour se défendre contre les infections. Pourraient-elles à leur manière être sensibles ? Certaines voix s'élèvent dans le monde pour prendre la défense des végétaux, par exemple des arbres. Mais dans ce cas, que devraient manger les végans ? Le véganisme n'est-il qu'une étape vers une profonde remise en cause de tous les êtres vivants et des relations qui les unissent depuis la conception du monde ? À ce petit jeu, tous les fondements de notre civilisation pourraient être remis en question.

DE L'OMNIVORE AU VÉGAN : L'ÉVOLUTION D'UN INDIVIDU

Si le véganisme imprègne d'ores et déjà la société sous plusieurs aspects, tous les végans adoptent-ils un nouveau mode de vie pour suivre le mouvement ou au contraire pour une évolution personnelle ?

› Devenir végan : un tournant dans une vie

Rares aujourd'hui sont les végans qui sont nés végans ou dans des familles véganes. Peut-être une génération totalement végane est-elle en train de naître… Mais à ce stade, la plupart des végans deviennent végans à une période particulière de leur vie, au début de l'âge adulte, suite à une rencontre ou plus tard au cours de l'existence. Cette prise de conscience, d'après de nombreux témoignages, survient après un scandale sanitaire ou suite à une campagne pour la défense de la cause animale. Chacun a ses propres motivations pour devenir végan et pas obligatoirement celles avancées par l'ensemble de la communauté.

À ce stade, une question peut se poser. L'individu qui, à un moment particulier de sa vie, prend la décision de devenir végan, devient-il systématiquement militant de ce mouvement d'opinion, s'opposant au reste de la population n'adhérant pas à ce choix de vie ? Difficile de connaître précisément les statistiques sur ce sujet. Les prises de paroles sont nombreuses, collectives ou individuelles, mais il est bien impossible de dire si elles sont représentatives de l'ensemble de la communauté végane. Toujours est-il qu'il semble se créer une scission entre le végan et le reste de la société, considéré comme un opposant à la cause animale. En cela, le véganisme peut être perçu comme catégorique, exclusif et systématique, alors même qu'il prône des valeurs de tolérance et de respect des êtres vivants. L'homme est omnivore depuis des millénaires. D'instinct, il a chassé pour survivre et se nourrir, comme de nombreuses espèces animales. Les végans sont-ils opposés à tous les animaux carnivores ou omnivores ? Après tout, une baleine n'engloutit pas moins de 1 900 tonnes de krill par seconde pour se nourrir. Peut-elle être considérée comme une opposante au bien-être animal ? Et donc une opposante au véganisme ?

Toutes les chaînes alimentaires de tous les écosystèmes terrestres et aquatiques sont basées, non seulement sur des herbivores, mais aussi sur des carnivores. Les uns ne vont pas sans les autres. Pour bien fonctionner et être en équilibre, un écosystème a besoin que des espèces en mangent d'autres. De ce point de vue, le véganisme s'oppose à la logique biologique et écologique fondamentale, qui régit tous les écosystèmes de la planète. À moins qu'il ne considère que l'homme ne fasse pas partie intégrante de l'écosystème… Mais jusqu'à preuve du contraire, Homo sapiens est une espèce animale qui a évolué à partir des espèces de grands singes. Il n'est pas inutile de rappeler que nous partageons 98 % de notre patrimoine génétique avec les chimpanzés, qui sont des omnivores. En devenant végan, se pourrait-il que l'homme veuille s'affranchir des lois qui régissent la nature ?

› Le véganisme face à la permaculture

Une autre preuve que le véganisme ne répond pas à une logique biologique est la différence entre le véganisme et la permaculture. En plein essor depuis quelques années, la permaculture est une méthode systémique et globale qui vise à concevoir des systèmes (par exemple des habitats et des systèmes agricoles, ou n'importe quel autre système) en s'inspirant de l'écologie (biomimétisme ou écomimétisme) et de la tradition. Dans ce modèle d'agriculture naturelle, inspirée du japonais Masanobu Fukuoka et théorisée dans les années 1970 par deux Australiens (Bill Mollison et David Holmgren), quelle est la place de l'animal ?

Le principe repose sur un travail main dans la main entre l'homme et l'animal. Les poules peuvent évoluer en liberté pour contrôler la croissance des plantes, fournir des œufs et de la viande, mais aussi du guano, qui servira à enrichir les sols. Des systèmes agroforestiers combinent des arbres et des animaux brouteurs. Les animaux se nourrissent d'animaux non comestibles pour l'Homme, comme les limaces, les termites, et participent ainsi à la lutte contre les nuisibles tandis que leurs excréments participent à l'enrichissement des sols. L'objectif ultime de la permaculture est de nourrir les hommes et les animaux, en utilisant le moins d'énergie non renouvelable possible. Cette revendication pourrait être un point commun entre la permaculture et le véganisme. Mais là où la permaculture préserve la biodiversité et mise sur la coopération plantes-animaux-homme, le véganisme exclut catégoriquement les liens entre l'homme et l'animal. Alors que la permaculture réduit l'impact anthropique sur l'environnement, le véganisme pourrait présenter un bilan écologique beaucoup plus mitigé, comme nous le verrons plus loin.

La permaculture s'appuie sur une éthique pouvant se résumer aux grands principes suivants :

- prendre soin de la nature (les sols, les forêts, l'eau et l'air) ;
- prendre soin de l'humain (soi-même, la communauté et les générations futures) ;
- créer l'abondance et redistribuer les surplus.

Au contraire du véganisme, la permaculture n'est pas une méthode figée mais un mode d'action prenant en considération la biodiversité de chaque écosystème. Elle ambitionne une production agricole durable, très économe en énergie (autant en ce qui concerne le carburant que le travail manuel et mécanique) et respectueuse des êtres vivants et de leurs relations réciproques, tout en laissant à la nature le plus de place possible.

Au travers des modes alimentaires d'exclusion, se dessine souvent la volonté de maîtriser son alimentation, voire son mode de vie, en s'affranchissant des grands acteurs économiques. Mais si le flexitarisme traduit la volonté de revenir à une certaine raison, le véganisme, au contraire, semble opérer une véritable rupture sociétale, par rapport à la situation de l'homme et de l'animal depuis des millénaires.

LE **VÉGANISME** **FACE À** SES **CONTRADICTIONS**

Le véganisme se définit souvent comme le mode de vie le plus respectueux de l'homme, de l'animal et de l'environnement. Mais est-il à la hauteur de ces ambitions ? Pour y répondre, nous allons nous interroger sur deux aspects essentiels, l'alimentation végétalienne adoptée par les végans, et la défense de la cause animale, le grand combat des végans.

> L’alimentation végane en pratique : loin d’être 100 % naturelle

Nous l'avons vu précédemment, l'alimentation végane est strictement identique à celle d'un végétalien. Tout produit issu d'un animal est catégoriquement proscrit et remplacé par un produit d'origine végétale ou synthétique.

QUE MANGE UN VÉGAN ?

C'est une question qui attise souvent la curiosité des omnivores pour lesquels les produits animaux sont souvent au centre des menus. Voici quelques familles d'aliments dont les végans sont friands et dont ils se nourrissent très régulièrement :

- légumes frais ou en conserve ;
- fruits frais, de saison ou en compote, purée ou confiture, mais aussi des fruits secs ;
- laits végétaux, à base de soja, d'amande, de noisette, de coco, qu'ils considèrent comme meilleurs pour la santé que le lait de vache ou de chèvre ;
- produits dérivés des laitages végétaux, comme des crèmes végétales à base de soja, d'avoine ou de coco, des yaourts végétaux, à base de soja, d'amande ou de coco, du beurre végétal, à base de tournesol ou de soja, des fromages végétaux, à base de soja ou de noix de cajou, des glaces végétales à base de soja ou d'amande.
- plats préparés, comme des steaks de soja, des galettes de légumes, des tapenades, etc.

- céréales : millet, blé, épeautre, avoine, orge, riz, maïs, sarrasin, quinoa ;
- épices et des sauces, bien sûr, sans ingrédients d'origine animale ;
- différentes noix, consommées telles quelles ou incorporées dans des préparations ;
- graines, comme les graines de lin ou de chia ;
- extraits végétaux, comme l'agar-agar, qui permet de gélifier des préparations ;
- flocons de levures maltées ;
- chocolat.

Une chose surprenante apparaît : les végans appellent leurs préparations alimentaires avec des mots qui ont été inventés pour les préparations à base de produits animaux. Pourquoi utiliser les mots « lait », « yaourt », « fromage » ou encore « steak » s'ils revendiquent une autre vision de la vie ? Pourquoi ce conformisme aux carnivores, un conformisme qui fait vendre, puisque les industriels n'hésitent pas à l'utiliser à toutes les sauces ? Un steak de soja serait plus vendeur qu'un substitut de viande au soja. Il semblerait que les végans souhaitent tout de même s'identifier à leur précédent mode de consommation omnivore. Vouloir changer radicalement, tout en restant ancré dans certaines habitudes de vie, semble pour le moins contradictoire.

LA QUESTION DE L'ÉLEVAGE INTENSIF

En se nourrissant exclusivement de produits d'origine végétale, les végans peuvent se targuer de ne pas porter sur leurs épaules le poids écologique de l'élevage. Actuellement, l'élevage, et surtout l'élevage intensif, est responsable d'une partie conséquente de l'émission des gaz à effet de serre, par exemple au travers du méthane produit par les bovins. Pourtant, qu'ils soient élevés pour leur viande ou leur lait, ou laissés à l'état sauvage, leur existence même génère des gaz à effet de serre, tout comme l'ensemble des êtres vivants qui peuplent la planète, les hommes y compris. L'ensemble du règne animal produit du dioxyde de carbone et donc participe à la production des gaz à effet de serre.

Évidemment, le développement de l'élevage intensif pour répondre à une demande de plus en plus croissante en viande accélère le dérèglement climatique. Mais faut-il supprimer toute consommation de viande ou simplement la réduire ? Les experts dans ce domaine annoncent qu'il sera impossible dans les décennies à venir de répondre à la demande en produits carnés de la population mondiale, et appellent à trouver des alternatives. Des alternatives, oui, mais certainement pas une exclusion.

Actuellement, la demande en produits animaux croît, surtout dans les pays en voie de développement, suite à l'augmentation de la population et à l'urbanisation. Selon la FAO (*Food and Agriculture Organization*, en français Organisation des Nations Unies pour l'alimentation et l'agriculture), l'offre mondiale en viande devrait augmenter de 70 % pour nourrir les 9,6 milliards d'êtres humains estimés en 2050.

Malheureusement, actuellement, pour faire face à cette demande croissante, l'élevage intensif se développe, entraînant plusieurs problèmes majeurs :

- une disparition progressive des méthodes d'élevage traditionnelles au détriment des populations locales, souvent pauvres ;

- une utilisation massive des terres agricoles, pour les pâturages et la production de cultures fourragères ;
- un impact négatif sur l'environnement et la biodiversité.

La FAO prône un développement durable de l'élevage pour contribuer à la sécurité alimentaire et à la réduction de la pauvreté dans les pays en voie de développement, tout en réduisant l'impact écologique et en rationalisant l'utilisation des ressources. La part de produits carnés dans notre alimentation doit également diminuer, sans pour autant disparaître. L'entomophagie, c'est-à-dire la consommation d'insectes comestibles, est ainsi considérée par l'Organisation des Nations Unies (ONU) comme une alternative 100 % naturelle pour répondre aux défis alimentaires de la population mondiale à l'horizon 2050.

L'offre en insectes comestibles est d'ailleurs en plein essor, pour répondre à une demande croissante. Ces experts de la nutrition sur le plan mondial ne se tournent pourtant pas vers le véganisme. Une preuve parmi d'autres que ce mode de vie n'est pas la réponse universelle aux grandes questions environnementales et nutritionnelles du siècle.

DES COMPLÉMENTS ALIMENTAIRES POUR COMPENSER LES CARENCES NUTRITIONNELLES

Si le véganisme n'apparaît pas encore dans la liste des alternatives pour réduire la consommation de viande à l'échelle mondiale, c'est peut-être parce qu'il ne propose pas une alimentation saine et équilibrée 100 % naturelle. Sans aucun apport d'origine animale, certains nutriments, et en particulier certains lipides, minéraux et vitamines, font en effet cruellement défaut aux végans. Qu'importe, le véganisme a une parade : les compléments alimentaires et les suppléments nutritionnels.

Les sites spécialisés regorgent de préparations spécifiques, destinées à compléter l'alimentation végane. Un végan ne peut donc pas couvrir ses besoins alimentaires uniquement par son alimentation... une énième preuve qu'il va à l'encontre des besoins biologiques humains.

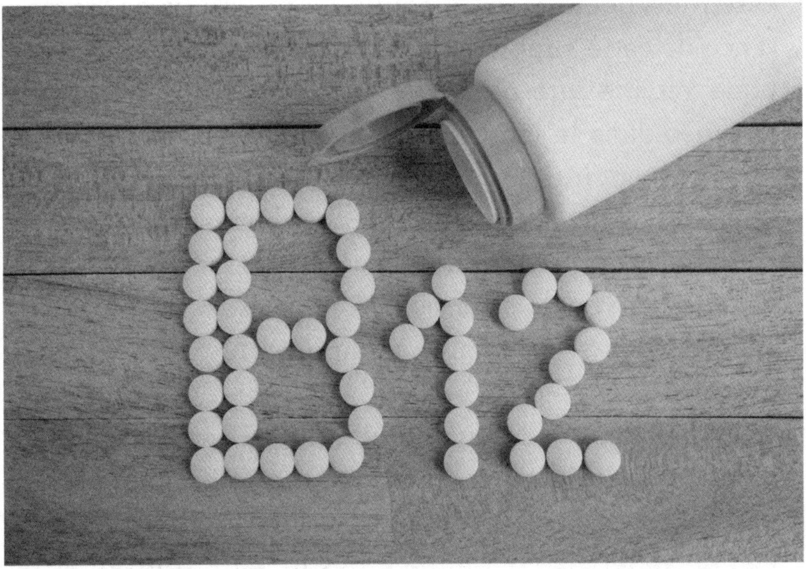

En pratique, le végan doit régulièrement, parfois quotidiennement, compléter son alimentation par des suppléments en :

- vitamine B12, une vitamine exclusivement présente dans les produits d'origine animale. Biologiquement, l'homme ne peut pas vivre sans cette vitamine, il est donc par définition un carnivore obligatoire, car sans compléments alimentaires, il n'a strictement aucun apport en cette vitamine. La carence en vitamine B12 provoque une anémie, dont la forme la plus grave s'appelle une anémie pernicieuse ou anémie de Biermer, une pathologie qui s'accompagne de troubles neurologiques graves. Tous les végans ont recours à des compléments de vitamine B12, essentiels pour rester en bonne santé. Preuve de l'importance de cette supplémentation, la communauté scientifique végane internationale et toutes les organisations véganes dans le monde se sont accordées pour publier un document intitulé : « Ce que tout végan doit savoir sur la vitamine B12 », dans lequel il est bien stipulé que des suppléments en vitamine B12 sont nécessaires à tous les végans. Les végétariens, eux, n'ont pas ce souci puisqu'ils couvrent leurs apports en vitamine B12 grâce aux produits laitiers.

- vitamine D et calcium : la vitamine D est essentiellement présente dans les produits d'origine animale (en particulier les huiles de poissons et les produits laitiers). Peu de végétaux contiennent des teneurs suffisantes en vitamine D pour couvrir les apports quotidiens recommandés. Or, la vitamine D est essentielle au bon fonctionnement de l'organisme, notamment au niveau du système immunitaire et du métabolisme osseux. Elle est par exemple indispensable à la fixation du calcium sur les os. Les végans sont donc contraints de compléter régulièrement leurs apports en vitamine D, à nouveau grâce à des compléments alimentaires. Par ailleurs, même si des sources végétales de calcium existent, le calcium d'ori-

gine végétale est beaucoup moins assimilable par l'organisme que le calcium d'origine animale.
- différents nutriments, comme le fer, le sélénium ou l'iode, doivent être surveillés chez les végans, qui sont exposés à un risque accru de carences et donc de problèmes de santé.

Alors qu'il prône une alimentation idéale pour l'homme, le végan se retrouve contraint d'utiliser régulièrement des compléments alimentaires pour couvrir l'ensemble de ses besoins nutritionnels. Une preuve s'il en est besoin que l'homme est biologiquement programmé pour consommer des produits d'origine animale. Les végans n'ont donc pas une alimentation 100 % naturelle, mais complétée par des suppléments nutritionnels. Or, il ne faut pas oublier que ces suppléments nécessitent des étapes d'extractions physiques ou chimiques, des méthodes chimiques de synthèse ou de purification, l'ajout d'excipients, etc.

> Le végan comme défenseur de la cause animale

Au-delà de la dimension environnementale que s'octroie le véganisme, la revendication la plus affichée, partagée par l'ensemble des végans, est sans aucun doute la défense de la cause animale.

LE VÉGANISME INTIMEMENT LIÉ AUX ASSOCIATIONS DE DÉFENSE DES ANIMAUX

Cette principale motivation fait du véganisme un mouvement d'opinion à la fois défendu et revendiqué par de puissantes associations de défense de la cause animale, parmi lesquelles l'association L214 éthique et animaux ou l'association PETA (*People for the Ethical Treatment of Animals*). Selon ces associations, un végan choisit de modifier son mode de vie pour ne plus impacter ni les animaux, ni les autres, ni l'environnement. Au-delà de l'information qu'elles distillent sur le véganisme, ces associations jouent le rôle d'influenceurs, en associant clairement le mode de vie végan à la défense de la cause animale. Le discours peut vite devenir moralisateur, voire culpabilisant. Les omnivores sont clairement montrés du doigt et les végans mis en exergue.

Ces associations de défense des animaux sont très puissantes et tentent d'agir sur l'opinion par le biais de campagnes de communication choc, mettant en scène les pires dérives que l'élevage et l'exploitation animale puissent livrer, même si ces scènes ne sont pas forcément représentatives de la condition animale en général. Parallèlement, ces acteurs font la promotion ouverte du véganisme, proposé comme solution idéale face aux faits qu'ils dénoncent. Concrètement, selon ces acteurs, toute personne qui ne devient pas végane peut être considérée comme en accord avec la maltraitance animale. Le rapprochement est difficile à accepter... Que dire de tous les consommateurs d'œufs ou de viande biologique, élevée dans des conditions respectueuses de l'animal ? Ces mouvements assimilent tous les consommateurs de viande à ceux qui maltraitent les animaux. L'amalgame est flagrant.

En pratique, le refus de toute exploitation animale par les végans impose de multiples aménagements de la vie quotidienne, non seulement pour se nourrir, mais aussi pour se laver, s'habiller, se maquiller, se loger, nettoyer sa maison, etc. Les alternatives aux produits animaux existent dans chacun des aspects de la vie quotidienne. Mais si demain, plus aucun homme n'utilise ces produits, que vont-ils devenir ? Et que vont devenir les animaux qui les produisent ? Nous avons choisi quelques exemples, qui suffisent à illustrer que la suppression de tout produit d'origine animale pourrait finalement faire plus de mal que de bien au règne animal.

DES MOUTONS NON TONDUS, QUI FINISSENT ÉTOUFFÉS PAR LEUR PROPRE LAINE

Il y a quelque temps, une association australienne de protection des animaux a recueilli un mouton, qui semblait errer seul dans la nature depuis plusieurs années, sans doute au moins cinq années, compte tenu de l'épaisse toison qui le recouvrait. Les végans auraient pu se réjouir d'une telle découverte. Enfin un mouton ayant retrouvé l'état sauvage, loin de l'homme et qui aurait échappé à la tonte mise en place par les êtres humains pour exploiter sa laine. Malheureusement, ce mouton constitue un triste contre-exemple. Il s'agissait d'un mouton mérinos, une race d'origine espagnole connue pour la qualité de sa laine. Sans tonte régulière, le mouton est exposé à de graves problèmes de santé :

- une augmentation de sa température corporelle ;
- un risque d'infection ;
- des difficultés pour se déplacer ;
- la mort.

Au moment de sa découverte, ce mouton était recouvert d'une toison dont le poids total était d'environ 40 kg. Le mouton ne pouvait plus bouger et disparaissait totalement sous l'épaisseur de sa toison. Heureusement, un professionnel de la tonte est parvenu à tondre l'animal pour lui permettre de survivre à sa mésaventure. En temps normal, les moutons à laine – car il existe des espèces de moutons sans laine – sont tondus une fois par an, ce qui permet de prévenir les problèmes de santé liés à une toison trop importante.

Les végans refusent tout vêtement en laine. Souhaitent-ils voir l'ensemble des moutons de la planète errer dans la nature avec des dizaines de kg de laine sur le dos, sans plus être capables de se déplacer ou de se nourrir et finir par mourir ainsi étouffés par leur propre laine ? Sous prétexte de ne pas se vêtir de vêtements en laine, il faudrait laisser les moutons dépérir et mourir. Cette situation semble bien loin d'une revendication de défense de la cause animale.

DE LA LAINE DES MOUTONS AU CUIR DES VACHES

Élever des animaux, surtout de manière intensive et dans des conditions irrespectueuses, uniquement pour les tuer, récupérer leur fourrure et fabriquer des vêtements considérés comme luxueux n'apparaît pas seulement choquant pour les végans. Inutile de devenir végan pour s'insurger contre ces pratiques et supprimer de sa garde-robe tous les vêtements à fourrure. Mais peut-on considérer que les Inuits, qui chassent les animaux de la banquise pour se nourrir, se vêtir et se chauffer sont des monstres ? Quelle solution les végans choisiraient-ils, isolés sur une banquise gelée ? Dans des contrées où la culture de toute plante est tout simplement impossible...

Parallèlement, les animaux, même en liberté et libérés du joug humain, finissent par mourir, laissant leur peau et leurs os à la disposition du reste de l'écosystème. À l'origine, il ne faut pas oublier que l'homme n'a utilisé le cuir, les peaux et les fourrures qu'à partir des animaux qu'il était obligé de tuer pour se nourrir.

DES OPPOSANTS RADICAUX AU LAIT DE VACHE

Un sujet souvent brûlant pour les végans est l'utilisation du lait de vache, définie comme un exemple type de maltraitance animale. Le véganisme considère que ce lait devrait être réservé aux veaux et que les vaches sont exploitées pour produire de plus en plus de lait. Dans l'absolu, cette vision des choses est juste. Mais renoncer aujourd'hui au lait de vache est-il vraiment une position en faveur du bien-être animal ? Il est possible d'en douter et pour plusieurs raisons.

La traite des vaches par l'homme ne date pas d'hier, mais d'environ 10 000 ans, des siècles d'histoire et d'évolution communes entre l'homme et l'animal. Aujourd'hui, la France produit chaque année 25 milliards de litres de lait, dont 90 % sont transformés en fromages, en poudre de lait et en lait infantile. Si les adultes peuvent tout à fait se passer de boire du lait, ou même de consommer des produits laitiers, les nourrissons et les jeunes enfants ont besoin des nutriments présents dans le lait de vache. Aujourd'hui, le lait de vache est à la base de la quasi-totalité des laits infantiles disponibles. Les laits sans lait de vache, comme les laits 100 % végétaux, utilisés par les végans, ne sont pas considérés comme nutritionnellement suffisants par les autorités de santé publique. Et pas qu'en France.

L'Italie a, par exemple, l'intention de promulguer une loi condamnant pour maltraitance les parents qui nourrissent leurs enfants avec des laits infantiles végans. Les besoins mondiaux en laits infantiles impliquent un maintien de l'élevage des vaches et de l'industrie laitière. Les laits 100 % végétaux ne sont pas capables de couvrir les besoins nutritionnels des nourrissons, surtout au cours de la première année de vie.

L'allaitement est une solution toute trouvée par les végans pour s'affranchir du lait de vache et fuir toutes les critiques sur les laits végétaux. Mais que se passe-t-il pour les femmes incapables d'allaiter ? Aujourd'hui, les lactariums sont seulement capables d'assurer les besoins en lait pour les enfants nés prématurément. Si une femme ne peut pas allaiter, par exemple pour des raisons majeures de santé, quelle alternative lui reste-t-il ? De même, une femme qui ne souhaiterait pas allaiter n'aurait pas d'autre choix qu'un lait 100 % végétal, incapable de nourrir correctement son nourrisson. Enfin, n'oublions pas que les laits infantiles, fournis par les ONG (Organisations Non Gouvernementales), constituent un apport alimentaire capital dans les pays où sévissent la famine, les guerres ou les épidémies.

Selon de nombreux experts, la production laitière reste encore aujourd'hui une nécessité absolue pour nourrir la population mondiale. Admettons enfin qu'à l'avenir, un substitut de lait de vache, probablement synthétique, soit mis au point, restera tout de même la question cruciale du devenir des vaches. Que deviendront-elles ?

LES VÉGANS ET LE MIEL DES ABEILLES

À l'image de la viande et du lait des vaches, d'autres produits d'origine animale sont utilisés depuis des millénaires, et pas seulement dans l'alimentation : les produits de la ruche. Les abeilles produisent dans leurs ruches plusieurs produits aux multiples vertus, connues et reconnues depuis la nuit des temps :

- le miel ;
- la gelée royale ;
- la propolis ;
- les pollens ;
- la cire d'abeille.

Comme pour tout produit d'origine animale, le véganisme bannit catégoriquement et systématiquement tous les produits de la ruche. Toutes les exploitations apicoles sont logées à la même enseigne selon les végans : exploitation irraisonnée des abeilles et pillage systématique des colonies d'abeilles, entre autres.

Évidemment, comme dans toute pratique agricole, les dérives existent, mais manger du miel cause-t-il réellement du tort aux abeilles ? La plupart des apiculteurs revendiquent au contraire des techniques respectueuses des abeilles. Le miel est ainsi utilisé par les civilisations humaines depuis la nuit des temps. Les premiers hommes utilisaient déjà les produits de la ruche. Avant la fabrication de ruches dédiées, les hommes détruisaient les ruches naturelles, construites par les abeilles dans des troncs d'arbres creux, pour se servir du miel. Une technique toujours employée de nos jours par l'ours brun ou le blaireau européen. Aujourd'hui, les apiculteurs sont en réalité un maillon essentiel de la préservation des abeilles, pour les protéger des dangers qui les guettent :

- les prédateurs des abeilles : le frelon asiatique, le philanthe apivore (une sorte de guêpe) ou encore certaines espèces d'araignées tueuses d'abeilles ;
- la pollution de l'environnement, les abeilles y étant particulièrement sensibles.

L'apiculture ne détruit pas les abeilles mais les protège, au contraire. Supprimer les apiculteurs reviendrait à supprimer les principaux défenseurs des abeilles. Ne vaut-il pas mieux inciter les apiculteurs à privilégier des techniques plus respectueuses ? À nouveau, à vouloir supprimer radicalement tout produit d'origine animale, le bilan du véganisme pourrait se révéler plus négatif que positif.

DANS LE MONDE DE L'INFINIMENT PETIT

Après les abeilles, attardons-nous un peu sur le cas des plus petits animaux, ceux que nous voyons à peine ou que nous sommes incapables de voir. Certains de ces animaux sont des parasites pour l'homme, c'est-à-dire qu'ils se développent à nos dépens. Quelle est la réaction des végans face aux poux, aux tiques, aux puces, aux mouches, aux moustiques, et autres petits animaux du genre, qui peuvent parfois nous transmettre des maladies graves, voire mortelles ? Dans le cas des poux, quel que soit l'étiquetage du produit anti-poux, végan, biologique ou chimique, l'objectif est de détruire à la fois les poux et les lentes. Donc il ne leur reste que deux options : garder leurs poux ou les supprimer, eux et leur progéniture. Sur les forums de discussion végans, si les modérés admettent se débarrasser de temps à autre des animaux parasites les plus gênants, les puristes se refusent à toute extermination. Si dans le cas des poux, les conséquences sur la santé sont minimes, les tiques peuvent transmettre la maladie de Lyme et les moustiques des maladies graves, comme le paludisme, la dengue, le Zika ou le chikungunya. Ne pas s'en débarrasser peut conduire à la mort.

Admettons malgré tout que les végans décident de partager leur vie avec certains parasites, ne nettoient-ils jamais leur habitation ? Ne se lavent-ils jamais ? Ne lavent-ils jamais leur linge ? Si pour un végan, tuer un moustique s'apparente à un crime intolérable, qu'en est-il du massacre de milliers voire de millions d'acariens, par simple mesure d'hygiène ? Actuellement, environ 50 000 espèces d'acariens sont identifiées, mesurant entre 0,2 mm à 0,4 mm de longueur, et donc invisibles à nos yeux. Cette invisibilité implique-t-elle qu'on puisse les éradiquer sans sourciller ?

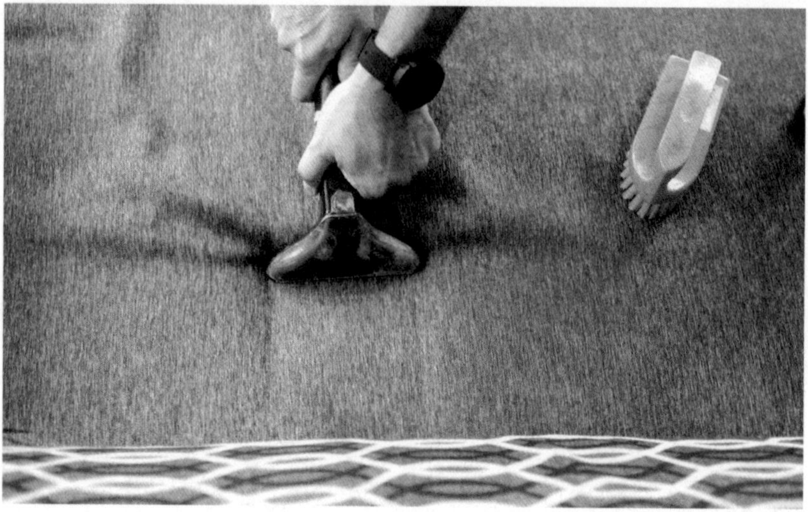

Les acariens sont présents dans tous les logements, car ils se nourrissent des squames humaines, c'est-à-dire des débris de peau, de cheveux, de poils ou d'ongles que nous laissons un peu partout sans même nous en rendre compte. Chaque gramme de poussière renferme une quantité impressionnante d'acariens qui, à forte dose, peuvent provoquer des allergies. À chaque fois que nous changeons les draps, les vêtements, que nous faisons une lessive, que nous aérons la maison, que nous aspirons la poussière, que nous passons l'aspirateur, que nous nettoyons le sol, nous tuons des acariens, par centaines, par milliers, voire par centaines de milliers.

Selon les principes du véganisme, il serait donc intolérable de tuer un animal pour éviter d'attraper une maladie de Lyme ou le paludisme, mais tolérable d'éradiquer plusieurs centaines ou milliers d'acariens par simple mesure d'hygiène.

DÉFENDRE LA CAUSE ANIMALE IMPOSE UN CERTAIN RELATIVISME

Les quelques exemples que nous avons développés illustrent clairement que la suppression radicale de tout produit d'origine animale, sans faire aucune distinction, peut apparaître injustifiée. Pire, elle pourrait causer plus de tort qu'elle ne ferait de bien aux animaux. L'objectif du bien-être animal ne semble pas atteint, en tout cas pas à chaque fois.

De plus, l'arrêt de toute utilisation animale dans un monde devenu entièrement végan apparaît totalement inconcevable. Que deviendraient tous les animaux abandonnés par l'homme alors même que de nombreuses espèces sont incapables de se nourrir seules et qu'elles manqueront immanquablement d'espace pour se déplacer, se nourrir, etc. ?

Le végan lui-même ne remplit pas toujours pleinement le contrat dont il est pourtant l'auteur. Combien de végans ont des animaux dits domestiques, donc sous le joug humain ? Des chiens, des poules, des chats... tous ces animaux ont-ils réellement choisi de vivre dans une famille végane ? Ne sont-ils pas exploités *stricto sensu* ? Le fait que les végans considèrent toute exploitation animale comme de la maltraitance n'est qu'un parti pris, qui n'a pas valeur de vérité universelle.

> Une alternative infiniment complexe

La dimension environnementale affichée par le véganisme apparaît critiquable dans diverses circonstances, y compris sur le plan de la défense des animaux. Posons-nous alors la question de la durabilité du mode de vie végan, à la fois sur le plan individuel et collectif. Parallèlement au bien-être animal, les végans considèrent souvent leur choix de vie avant tout comme un choix bénéfique du point de vue de leur propre santé. Le véganisme est-il dangereux pour la santé ?

UNE ALIMENTATION SANS VIANDES ET SANS POISSONS

Les végans ont un argument de poids : supprimer tous les produits d'origine animale permet de s'affranchir des problèmes de santé liés à la consommation de viande, tels que :

- le surpoids et l'obésité ;
- l'athérosclérose et les maladies cardiovasculaires ;
- le diabète de type 2 ;
- certains types de cancers, comme le cancer colorectal.

Mais les végans oublient de préciser que ces effets négatifs de la consommation de viande ne sont démontrés que chez les gros consommateurs de produits carnés. La consommation en quantités modérées de viande n'est pas reconnue comme nocive pour la santé. Et les effets délétères évoqués ne sont pas retrouvés pour les produits de la mer, les produits laitiers ou les œufs. Au contraire, les aliments d'origine animale, en quantités raisonnables, permettent de couvrir certains apports nutritionnels essentiels, comme :

- les protéines ;
- les vitamines, en particulier les vitamines du groupe B ;
- les lipides ;
- le calcium et la vitamine D ;
- le fer.

Tout est donc une question de dose, et supprimer tous les produits d'origine animale n'est pas forcément souhaitable pour l'équilibre alimentaire.

Comme pour les viandes, les végans renient tous les produits de la mer, qui représentent pourtant une source importante d'iode et de sélénium, entre autres. Des apports suffisants en iode sont capitaux tout au long de la vie, pour assurer la croissance, le développement et le bon fonctionnement de l'organisme. La carence en iode expose à des problèmes de santé parfois graves, particulièrement au cours de la grossesse, où la femme enceinte doit à la fois couvrir ses besoins et ceux du fœtus, ainsi que l'allaitement. L'iode en quantités suffisantes assure un développement cérébral normal. Une carence en iode entre le moment de la conception et la fin de l'enfance peut avoir de graves conséquences, parmi lesquelles une baisse du quotient intellectuel (QI), une augmentation des troubles du spectre autistique (TSA, autisme) et des TDAH (Troubles de l'Attention avec ou sans Hyperactivité). Sans produits de la mer, les végans qui vivent loin des côtes peuvent être exposés à des carences, d'autant plus qu'en France, le sel de table n'est pas systématiquement supplémenté en iode, au contraire d'autres pays d'Europe. Toutes les femmes enceintes sont incitées à prendre des compléments en iode, tout au long de la grossesse puis de l'allaitement.

Chez les végans, le risque de carence en iode est majoré par l'alimentation végétalienne. En effet, en dehors de l'absence des produits de la mer, certains végétaux, comme le soja, le millet, le maïs, le navet ou le chou – des végétaux pour la plupart prisés des végans – contiennent des substances dites goitrogènes ou goitrines. Ces substances inhibent naturellement le fonctionnement de la glande thyroïde. Un végan, dont l'alimentation repose en partie sur des produits à base de soja, est donc particulièrement exposé à un déficit en iode. D'autant plus que la carence en iode peut se combiner avec l'exposition aux perturbateurs endocriniens qui dérègle également la thyroïde. Pour le fœtus et le jeune enfant, si les apports en iode ne sont pas suffisants, l'enfant en subira les conséquences des années, voire des décennies plus tard !

LE SOJA, UNE BONNE ALTERNATIVE AUX PROTÉINES ANIMALES ?

Sans viandes, sans poissons et sans œufs, les apports en protéines ont tendance à diminuer. Pour remplacer les protéines d'origine animale, les végans ont leur solution miracle : le soja, une plante oléagineuse particulièrement riche en protéines. Nul ne peut contester cette vérité, mais le soja est-il bon pour la santé ? La question mérite d'être posée et surtout nuancée. Dans le monde, aujourd'hui, la demande en soja, en particulier pour l'élevage, est en forte hausse, et la moitié du soja produit est désormais du soja génétiquement modifié (OGM). Certes, les végans se tournent volontiers vers la production française de soja biologique. Actuellement, 90 % de la production française de soja sont destinés à l'élevage, dont 10 % en agriculture biologique. Un quart des surfaces de soja cultivées en France sont en agriculture biologique pour un rendement annuel de 21 000 tonnes, destinées à hauteur de 70 % à la consommation humaine. Ainsi, depuis les années 2000, le soja biologique français destiné à la *soyfood* (nom donné à l'alimentation à base de soja) connaît une croissance de près de 20 % par an.

Si les végans parviennent le plus souvent à éviter le soja OGM, et ses éventuelles conséquences en matière de santé, ils consomment des quantités parfois importantes de phyto-œstrogènes, contenus dans le soja. Ces hormones, une fois dans l'organisme, sont capables de mimer l'action des hormones œstrogènes qui, avec la progestérone, constituent les principales hormones féminines. Les œstrogènes se retrouvent, par exemple, dans les pilules contraceptives ou sont encore produits par les cellules cancéreuses de certaines formes de cancer du sein. Un apport excessif d'hormones féminines peut avoir des conséquences néfastes sur la santé, à la fois chez les hommes et chez les femmes, en provoquant des déséquilibres hormonaux. Ces hormones – nous l'avons vu plus haut – peuvent également augmenter le risque de carence en iode et donc de troubles thyroïdiens.

Pour prévenir ces dérèglements et pour tenir compte de la montée en puissance des produits alimentaires à base de soja, les autorités de santé publique recommandent de ne pas consommer plus d'un produit à base de soja par jour. Un végan qui boit un verre de lait de soja le matin, déjeune avec un steak de soja à midi et agrémente son dîner d'un peu de tofu s'expose donc à des problèmes de santé.

L'ALIMENTATION VÉGANE DÉCONSEILLÉE À CERTAINES ÉTAPES CRITIQUES DE LA VIE

La modération dans la consommation des produits à base de soja doit être particulièrement respectée à deux moments critiques de la vie, la grossesse et la croissance, des périodes au cours desquelles l'alimentation exerce une influence considérable sur le développement de l'humain. Les experts, les spécialistes, les sociétés savantes en France et dans le monde sont formelles ; l'alimentation végane doit être évitée chez les femmes enceintes, les nourrissons et les enfants jusqu'à la fin de leur croissance. Au cours de ces deux périodes, les besoins nutritionnels en certains nutriments sont augmentés et les carences peuvent avoir de graves conséquences à court, moyen et long terme. Nous avons déjà mis en lumière le fait que l'alimentation végane était par définition carencée, mais elle peut aussi s'avérer dangereuse pour la santé.

Au cours de la grossesse et de l'allaitement, l'Institut National de Promotion et d'Éducation pour la Santé (INPES) recommande de ne pas dépasser une consommation de phyto-œstrogènes de 1 mg/kg de poids corporel et par jour. Ces substances, présentes dans le soja, sont capables de traverser le placenta et donc de se retrouver dans la circulation sanguine du fœtus. Elles passent également dans le lait maternel. Chez l'animal, de fortes doses de phyto-œstrogènes ont induit des anomalies de développement au niveau des organes génitaux, mais aussi des troubles de la fertilité. Ainsi, comme pour la population générale, il est fortement conseillé de ne pas consommer plus d'un produit à base de soja par jour. Mais en réduisant leur consommation de soja, de nombreux végans finissent par avoir des apports insuffisants en protéines, ce qui peut compromettre la croissance normale du fœtus, puis de l'enfant.

Parallèlement, supprimer les produits laitiers et les graisses animales oriente souvent les végans vers les graisses végétales, et notamment vers les margarines. Ces préparations renferment des substances lipidiques particulières, appelées des phyto-stérols. Ces composés, dont la structure chimique ressemble à celle du cholestérol, réduisent l'absorption intestinale de cholestérol. Si cette propriété est intéressante pour les adultes atteints d'hypercholestérolémie (excès de cholestérol dans le sang), le cholestérol est essentiel en quantités suffisantes pour former les membranes de toutes les cellules du fœtus. Même si les risques ne sont pas exactement connus, les autorités de santé publique mettent en garde les femmes enceintes sur ces produits et les invitent à les écarter de leur alimentation pendant toute la durée de la grossesse. L'INPES recommande d'une manière générale d'interrompre le régime alimentaire végétalien, et donc végan, pendant toute la grossesse et l'allaitement, en raison de risques majeurs de carences dans les nutriments suivants

- la vitamine D ;
- le calcium ;
- l'iode ;
- la vitamine B 12 ;
- le fer ;
- le zinc.

Le fœtus et le nourrisson ont impérativement besoin d'apports importants en ces nutriments pour se développer normalement, ce qui conditionne leur état de santé pour le reste de leur vie. Les autorités de santé publique considèrent ainsi le régime végan comme dangereux pendant la grossesse et l'allaitement. Mais le risque pour la santé perdure après l'allaitement, car le jeune enfant a des besoins nutritionnels importants auxquels l'alimentation végane ne peut pas toujours répondre. En Italie, plusieurs enfants ont été hospitalisés pour malnutrition, alors qu'ils vivaient dans une famille végane. Cette affaire a fait si grand bruit à l'été 2016 que le gouvernement italien a annoncé à l'époque envisager un projet de loi visant à pénaliser les parents imposant un régime végan à leurs enfants. À cette période critique de la vie, l'alimentation végane n'est pas capable de satisfaire les besoins de l'organisme en croissance, à moins de recourir à des supplémentations alimentaires multiples. Et si manger tout simplement comme le font les hommes depuis des millénaires pouvait permettre à l'enfant de connaître un développement normal, ne serait-ce pas plus simple ? Ce choix semblerait en tout cas plus naturel que l'utilisation des compléments alimentaires. Enfin se pose une question éthique, car l'enfant n'a pas choisi cette alimentation, qui lui est imposée par sa famille. Des parents ont-ils le droit de priver leur enfant de tout une partie du spectre alimentaire, alors que certains de ces aliments sont clairement reconnus comme nutritionnellement intéressants pour l'organisme ?

DES ADDITIFS PARFOIS COÛTEUX POUR L'ENVIRONNEMENT

L'alimentation végétalienne n'est pas le seul aspect du mode de vie végan susceptible d'altérer la santé. Le véganisme s'oppose formellement à toute utilisation des animaux et par conséquent à tous les produits ayant nécessité des essais sur ces derniers. Traditionnellement, des essais sont effectués sur les animaux dans le but de vérifier l'efficacité et l'innocuité d'un certain nombre de produits, parmi lesquels :

- de nombreux cosmétiques traditionnels ;
- la plupart des produits de soin et d'hygiène corporelle ;
- l'ensemble des médicaments, qu'ils soient à usage vétérinaire ou humain.

Depuis la loi du 11 mars 2013, votée par l'Union Européenne, les essais de cosmétiques sur les animaux vivants sont désormais totalement interdits. Tous les cosmétiques produits sur le sol européen sont donc théoriquement *cruelty free* – même ceux qui ne se revendiquent pas comme tels – mais ils ne sont pas forcément végans. Plus largement, la plupart des industriels de tous les secteurs sont aujourd'hui entrés dans une démarche volontaire – et très certainement marketing – de minimisation des essais sur les animaux. S'il existe des cosmétiques et des produits d'hygiène répondant aux critères végans, c'est-à-dire n'ayant pas été testés préalablement chez l'animal, à ce jour, aucun médicament ne peut être mis sur le marché sans avoir au préalable été testé sur plusieurs modèles animaux (rongeurs, chiens, porcs, singes mais aussi vers, poissons, etc.). En effet, si des méthodes d'évaluation alternatives se développent, elles ne sont actuellement pas capables de répondre à tous les objectifs des essais cliniques préalables à la commercialisation d'un médicament.

Laissons de côté, pour un instant, le cas des médicaments pour nous intéresser de plus près à la composition des cosmétiques certifiés végans. Si ces produits ne renferment effectivement aucun ingrédient d'origine animale, ils peuvent en revanche contenir des conservateurs, des additifs, des arômes, soit toute une série de produits chimiques, dont certains suscitent de sérieuses inquiétudes quant à leur innocuité sur la santé. Dans plusieurs cosmétiques labellisés végans, il est ainsi possible de retrouver du dioxyde de titane, plus connu sous sa nomenclature d'additif alimentaire, l'E171. Largement utilisé comme agent d'enrobage à la fois dans des produits alimentaires, cosmétiques ou pharmaceutiques, le dioxyde de titane renferme des nanoparticules, c'est-à-dire des particules dont la taille est inférieure à 100 nm, et donc capables de migrer et de s'accumuler dans différentes régions de l'organisme, et notamment dans le cerveau. En 2017, une étude menée par l'INRA (Institut National de la Recherche Agronomique) a mis en évidence qu'une exposition chronique au dioxyde de titane pouvait favoriser la formation de lésions précancéreuses chez le rat. Même si l'effet chez l'homme n'a pas été clairement démontré, plusieurs associations ont décidé à la fin de l'année 2018 de demander aux autorités de santé publique le retrait pur et simple de cet additif alimentaire, qui pourrait avoir des conséquences négatives sur la santé. Pourtant, s'appliquer chaque jour sur le visage plusieurs produits cosmétiques contenant de l'E171 est monnaie courante dans la communauté végane.

D'autres additifs, eux strictement d'origine végétale, ne seraient pas si inoffensifs que ça. Citons par exemple les carraghénanes, des polymères gélifiants extraits des algues rouges. Très largement utilisés dans l'industrie agroalimentaire comme agents de texture, leurs effets sur la santé, surtout à fortes doses, inquiètent certains spécialistes. Certains produits de dégradation de ces polymères pourraient entraîner une irritation des muqueuses intestinales, à l'origine de pathologies intestinales inflammatoires. Ainsi, les carraghénanes sont interdits dans les préparations destinées aux jeunes enfants par mesure de précaution. Le tout végétal n'est pas toujours synonyme de bonne santé !

ENTRE ÊTRE VÉGAN ET SE SOIGNER, UN DILEMME ?

Nous l'avons évoqué précédemment, aucun médicament n'échappe aux tests préalables sur des animaux vivants. Comment les végans peuvent-ils se soigner sans faire d'entorse à leurs règles de vie ? Il apparaît théoriquement impossible pour un végan de se soigner avec un médicament allopathique. Que répondent les influenceurs végans sur le sujet ? En premier lieu, les médecines naturelles, encore appelées complémentaires ou alternatives selon les sources, sont largement plébiscitées par les végans. L'homéopathie, l'acupuncture, la phytothérapie, l'oligothérapie, etc. peuvent permettre de soulager les petits maux du quotidien, sans recourir aux médicaments testés sur les animaux. Attention cependant, certaines souches homéopathiques sont produites à partir du règne animal et sont donc contre-indiquées chez les végans. Adieu donc le traitement du syndrome grippal en avalant quelques doses globules d'Oscillococcinum®. Mais la question se corse inévitablement, lorsque la maladie ne peut pas se soigner sans recourir à un médicament.

Personne ne peut a priori guérir d'un cancer, d'une grave infection, du diabète ou d'un infarctus du myocarde uniquement avec des médecines douces. Il en est de même pour un polytraumatisé après un grave accident de la route ou pour un enfant qui naît avec une grave malformation cardiaque. Dans ce type de cas, un grand nombre de végans sont prêts à assouplir leurs règles et admettent que de temps en temps, il faut bien se résoudre à prendre quelques médicaments. Tant pis alors pour les animaux qui ont subi les tests ou qui ont servi de cobayes pour tester des techniques chirurgicales innovantes... et aussi pour tous les êtres humains qui, en bonne santé ou malades, se sont aussi prêtés au jeu, parfois dangereux, des essais cliniques ou des grandes premières chirurgicales. Sans oublier ceux qui, après leur mort, donnent leurs organes ou leurs tissus pour sauver la vie de milliers de malades. Mais si les principales sources d'information pour les végans précisent qu'il ne faut pas se priver de médicaments si nécessaire, qu'arrive-t-il aux puristes, qui ne se soignent pas, pour être sûrs de ne pas cautionner les essais sur les animaux ? Lorsque le végan va jusqu'à mettre sa vie en danger, voire celle de son enfant, où sont l'éthique, la morale et le bon sens, avant tout ?

Le véganisme, en étant catégorique et systématique, peut gravement nuire à la santé, privant un végan de soins médicaux nécessaires et mettant potentiellement en jeu la vie d'une personne. Au-delà de son cas personnel, si le végan a un animal de compagnie, le laisse-t-il dépérir sans le soigner s'il est malade ? Une telle situation serait bien évidemment inenvisageable pour un défenseur de la cause animale. Mais les médicaments vétérinaires dérivent presque tous des médicaments humains et ont donc été testés... sur des animaux. La question devient alors complexe. Laisser mourir son animal ou accepter de tester des produits sur d'autres animaux, un vrai dilemme.

Alimentation, cosmétique et médication, trois aspects qui démontrent clairement, exemples à l'appui, que le véganisme n'est pas forcément le meilleur choix de vie pour préserver sa santé. Et la question de la défense de la cause animale est plus que discutable sur plusieurs aspects. Alors le véganisme trouve-t-il sa véritable justification dans une démarche environnementale ?

LE **VÉGANISME :** UN **BILAN ÉCOLOGIQUE** TRÈS **MITIGÉ**

Au-delà de sa revendication principale qui est la défense de la cause animale, le véganisme est empreint d'une dimension environnementale. Se positionner en faveur du bien-être animal implique assez logiquement une nécessaire préservation de l'environnement, c'est-à-dire du cadre de vie des animaux. Si plusieurs exemples semblent indiquer que le véganisme échoue au moins en partie à défendre pleinement la cause animale, répond-il à sa revendication écologique ? En théorie, le végan devrait rechercher en permanence à réduire son empreinte environnementale pour impacter le moins possible l'environnement, la biodiversité, et en particulier la biodiversité animale. Mais qu'en est-il vraiment en pratique ?

> Les aliments compromettants

Certains choix alimentaires appliqués par les végans sont malheureusement loin d'être sans conséquences. Si renoncer à une alimentation carnée préserve l'environnement d'une part de sa pollution, certains aliments clés de l'alimentation végane pèsent pourtant lourd sur l'empreinte carbone mondiale.

DES LAITS VÉGÉTAUX AU GOÛT SALÉ… POUR L'ENVIRONNEMENT MARIN

Revenons sur certaines carences nutritionnelles qui guettent les végans, comme le calcium et la vitamine D. Ces deux nutriments sont indispensables pour la croissance et le métabolisme osseux, de la naissance jusqu'à la mort. Une alimentation incluant du lait et des produits laitiers plusieurs fois par jour suffit à couvrir les besoins quotidiens. Mais ces produits sont systématiquement et catégoriquement prohibés par le véganisme. Les végans, conscients de ces carences, se sont tournés vers des sources végétales de vitamine D3, comme le lichen d'Islande. Imaginons que demain, l'ensemble de la population mondiale devienne végane, quelle quantité de lichen d'Islande faudra-t-il produire pour fabriquer suffisamment de compléments alimentaires de vitamine D3 ? Quelles seront les conséquences pour l'environnement et pour l'espèce végétale ? Pour le calcium, les végans ont opté pour les laits végétaux. Cette appellation est d'ailleurs illégitime, car le terme « lait » ne peut réglementairement pas s'appliquer à une préparation végétale. Les magasins spécialisés déclinent toute une gamme de boissons végétales – car c'est bien comme cela qu'il faudrait les appeler – à base d'amandes, de coco, de soja, de noisettes, etc. Mais en se penchant un peu plus sur la composition de ces « laits », apparaît une drôle de surprise.

Les végétaux en question, la noix de coco, le soja ou les amandes, ne contiennent pas assez de calcium pour couvrir les besoins nutritionnels et les industriels ont donc recherché une source végétale de calcium à ajouter dans leurs préparations. Le plus souvent, ils ont choisi de petites algues du genre Lithothamnium, récoltées dans le fond des océans – ce que les Bretons appellent communément le maërl. Ces algues ont la particularité de présenter un squelette calcaire qu'elles ébauchent très lentement au fil des années, et représentent donc une source de calcium végétal. Parfait pour les végans, hormis le fait que ces petites algues mettent des années à grandir et que leurs stocks sur la planète sont relativement limités. Régulièrement, des gisements de maërl sont épuisés, suite à une surexploitation. L'alimentation végane contribue ainsi à détruire ces gisements de maërl, forêt de nombreux animaux marins qui se retrouvent ainsi dans le désert !

Sur les côtes bretonnes, l'écosystème marin, basé sur le maërl, ne compte pas moins de 900 espèces d'invertébrés et plus de 150 espèces d'algues, avec des gisements de maërl qui remontent à plus de 8000 ans. Exploités en Europe d'abord pour l'amendement calcaire des sols, puis pour la fabrication des « laits » végétaux, ces gisements ont été classés en zone Natura 2000 et ne peuvent plus être exploités. Les industriels se tournent alors vers d'autres gisements, en Islande, au Brésil ou au Chili. Dotés d'une biodiversité unique, ces écosystèmes sont sacrifiés par le véganisme, pour éviter de consommer du lait et des produits laitiers. En refusant catégoriquement la consommation de lait d'une seule espèce – les vaches –, cette part de l'alimentation végane détruit dans les faits des centaines d'espèces marines.

DES AMANDES DE CALIFORNIE AUX AVOCATS D'AFRIQUE DU SUD : UN BILAN CARBONE DIFFICILE À JUSTIFIER

Parmi les « laits » végétaux, l'un des plus plébiscités par les végans est sans conteste le lait d'amandes. Les amandes sont l'un des fruits les plus appréciés des végans, pour leur goût évidemment, mais aussi pour leur richesse en vitamine E, en vitamines du groupe B (notamment B2 et B3) et en minéraux. Grâce à ses atouts nutritionnels, l'amande est particulièrement recommandée dans le cadre d'une alimentation végane. Mais d'où viennent les amandes consommées en France ? Certes, des amandiers poussent en métropole, où la production annuelle est d'environ 1 500 tonnes, mais les Français consomment chaque année 30 000 tonnes d'amandes. La plupart des amandes consommées en France proviennent donc de Californie qui, à elle seule, assure 80 % de la production mondiale de ce fruit. La culture intensive de l'amande aux États-Unis, qu'elle soit en agriculture biologique ou non, exige de colossales quantités d'eau. Une seule amande nécessite 4 litres d'eau pour parvenir à maturité.

DES ADDITIFS ALIMENTAIRES QUI PÈSENT SUR L'ENVIRONNEMENT

Devenir végan ne signifie évidemment pas forcément renoncer à la gourmandise. De nombreux végans apprécient la pâtisserie, mais les recettes de gâteaux sans beurre, sans lait et sans œufs sont rares. De recettes sans aucun produit d'origine animal sont mises au point par la communauté, dont certaines utilisent des extraits végétaux. Parmi ces extraits, l'agar-agar est certainement l'un des plus utilisés, avec les pectines de pommes. L'agar-agar est extrait d'algues rouges, vivant à l'état sauvage ou cultivées dans différentes régions du globe. La demande mondiale croissante en agar-agar provoque depuis quelques décennies une exploitation massive des algues rouges, sources d'agar-agar. Ce phénomène menace de faire disparaître des champs entiers d'algues rouges sauvages, par exemple sur les côtes marocaines ou chiliennes.

Alors que ces pays consommaient traditionnellement des petites quantités d'algues depuis des siècles, ils se retrouvent face à une raréfaction progressive de leur « or » rouge. Aussi, le phénomène s'amplifie. L'agar-agar extrait d'algues rouges cultivées n'est pas non plus sans conséquences sur l'environnement marin autour des fermes marines. Et le coût écologique de l'agar-agar ne s'arrête pas là, car il faut y ajouter les étapes chimiques et physiques de blanchiment des algues, d'extraction et de purification de l'additif. Le gâteau à la mode végan aurait donc un goût doux amer sur l'environnement marin...

LE CULTE DE LA NOIX DE COCO MASQUANT UNE EXPLOITATION DES SINGES

Dans l'alimentation ou la cosmétique véganes, figure en bonne place la noix de coco, dont l'huile constitue un substitut de plus en plus à la mode de l'huile de palme, décriée pour son impact négatif sur la santé et sur l'environnement. Mais la noix de coco est-elle réellement un bon choix ? La noix de coco se décline de mille façons, en huile, en poudre, en farine, en lait, en eau, en flocons… Riche en acides gras saturés, son huile n'est pas réellement plus intéressante que l'huile de palme sur le plan nutritionnel et son impact environnemental n'est pas des plus reluisants. En premier lieu, il faut emballer et transporter les noix de coco et leurs dérivés depuis l'autre bout du monde, les principaux pays producteurs étant les Philippines, l'Indonésie et l'Inde. De plus, le développement de la culture des cocotiers se fait le plus souvent au détriment des autres cultures et donc de la biodiversité végétale mais aussi animale. Enfin, l'essor considérable de la culture de la noix de coco provoque une pénurie de main-d'œuvre. Les pays producteurs manquent de personnel pour grimper dans les cocotiers chercher les précieuses noix de coco. Certains pays ont ainsi décidé d'utiliser les singes pour assurer le ramassage. Les singes sont alors domestiqués pour grimper dans les cocotiers récupérer les noix de coco. Consommer 100 % végétal peut tout de même cacher une exploitation animale, qui vient à l'encontre des revendications des végans.

La noix de coco, les amandes, les avocats en sont des exemples : miser sur le 100 % végétal n'est pas sans impact sur l'environnement et donc sur la biodiversité. Un autre exemple est l'aloe vera. Ce végétal est devenu en quelques années une véritable star de la cosmétique écologique et son utilisation alimentaire se développe. À cause de son utilisation intensive, l'aloe vera est désormais considéré comme menacé de disparition dans certaines régions du monde, et notamment en Tunisie, où des mesures de conservation ont dû être prises par les pouvoirs publics.

> Quand le tout végétal détruit la biodiversité et l'environnement

L'idéal d'un tout végétal connaît de nombreuses limites…

LA MODE À UN PRIX ÉLEVÉ

En ce qui concerne le domaine vestimentaire, le végan refuse de s'habiller avec des vêtements en laine ou en fourrure et se tourne avec les fibres végétales ou synthétiques, parmi lesquelles :

- le coton ;
- le chanvre ;
- le lin ;
- le lyocell ;
- le nylon ;
- l'acrylique ;
- l'élasthanne ;
- la rayonne.

Pourtant, la plupart de ces fibres, souvent labellisées « végan », ont des conséquences importantes sur l'environnement et donc sur la biodiversité. La production mondiale de coton, l'une des fibres végétales les plus utilisées dans l'industrie textile, est l'une des plus délétères pour l'environnement. Le coton non biologique, largement majoritaire, est cultivé principalement en Inde, à grand renfort de produits agrochimiques qui affectent la santé des cultivateurs et de leurs familles. En Inde, la part de coton biologique n'est que 1 %. La culture du coton à l'échelle mondiale couvre environ 2,5 % des surfaces agricoles, mais utilise environ 25 % des insecticides et 10 % des herbicides. C'est un désastre environnemental et sanitaire.

Les fibres synthétiques sont une alternative recommandée par les végans eux-mêmes. Mais toutes ces fibres synthétiques sont produites par l'industrie pétrochimique, une industrie qui n'a pas vraiment la réputation d'être écologique. Quelques marées noires tristement célèbres sont malheureusement là pour nous le rappeler. Et leur impact environnemental ne s'arrête pas là. Les fibres synthétiques participent, en effet, à la présence de microplastiques, des morceaux de plastiques de moins d'un millimètre, qui contaminent l'environnement et tout particulièrement l'environnement marin. Rien qu'en Méditerranée, il y aurait environ 250 milliards de fragments de plastiques de tailles diverses.

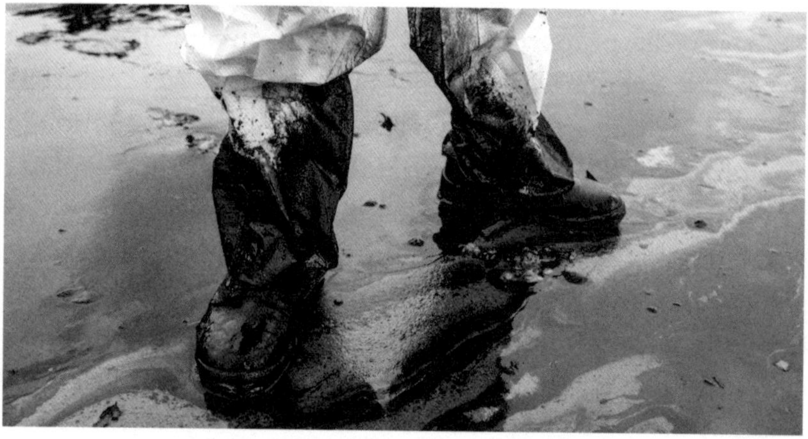

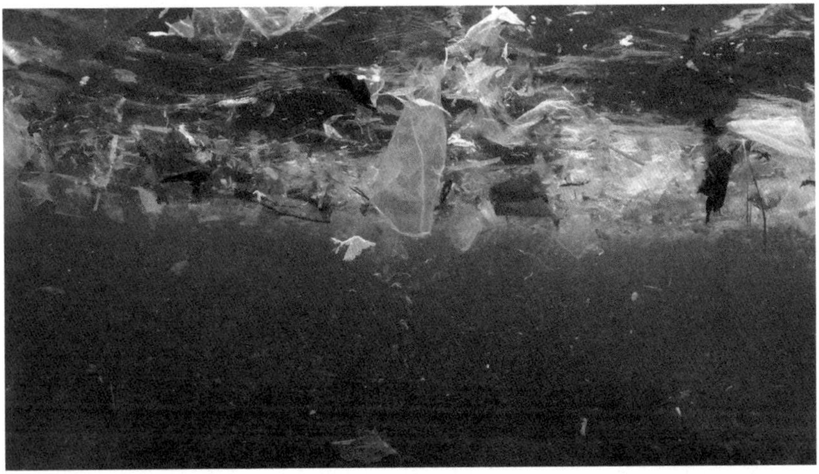

Récemment, des chercheurs ont analysé 18 sites répartis sur les six continents, tous étaient pollués par des microplastiques aux conséquences désastreuses à la fois sur l'environnement et les animaux marins.

Régulièrement, des images de poissons ou de mammifères marins, dont l'organisme est totalement rempli de petits débris plastiques, envahissent nos écrans et suscitent un vif émoi. Mais d'où viennent ces plastiques ? Certes, une partie provient directement des sacs plastiques malencontreusement ou volontairement laissés dans la nature, mais pas seulement. Une autre partie, et pas des moindres, proviendrait tout simplement de nos machines à laver. Ainsi, en moyenne, chaque vêtement en fibre synthétique libérerait à chaque lavage plus de 1 900 fibres plastiques dans l'environnement, des fibres finissant immanquablement par arriver dans les mers et les océans.

Face à ce désastre des fibres synthétiques et du coton, les végans peuvent se tourner vers de nouveaux tissus, comme le lyocell ou le tencel, un tissu novateur produit à partir de la pulpe des arbres. Si demain, tous les végans, voire toute la population s'habillait exclusivement avec ces fibres, combien d'arbres faudrait-il abattre ? Et que deviendraient les animaux qui vivent sur ces arbres ? Les chaussures suivent la même logique que les vêtements. Si les végans optent volontiers pour des chaussures recyclées – sans cuir, bien entendu– leurs chaussures renferment souvent différentes fibres végétales ou synthétiques, comme :

- du coton ;
- du chanvre ;
- du liège ;
- de la microfibre synthétique ;
- du Gore-Tex™ ;
- du polyuréthane.

Les mêmes dommages interviennent sur l'environnement et la biodiversité. Le Gore-Tex™ est un pur produit de l'industrie chimique, puisqu'il s'agit de téflon, produit à partir de l'éthylène. Un produit qu'il vaut mieux éviter pour sa santé, celle des animaux et celle de la planète. Quant au polyuréthane, il sort directement des usines pétrochimiques, donc de l'industrie pétrolière et des gisements de pétrole. Se vêtir et se chausser à la mode végane n'apparaît pas très engageant pour ceux qui souhaitent préserver l'environnement et défendre la cause animale. S'agit-il de laisser les moutons dépérir sans les tondre, pour mieux polluer l'environnement marin et détruire des milliers d'espèces ? On peut légitimement se poser cette question : vaut-il la peine de porter des chaussures qui entretiennent le marché mondial du pétrole en détruisant chaque année la planète, pour ne pas utiliser le cuir des animaux qui, comme nous tous, finissent par mourir et qui n'ont alors plus besoin de leur peau ? Tout un débat.

LES CULTURES VÉGANES RESPONSABLES D'UNE PARTIE DE LA DÉFORESTATION

Nous avons brièvement évoqué l'impact des nouvelles fibres végétales sur les arbres et les forêts. Les forêts, et en particulier les forêts primitives comme la forêt amazonienne, sont des écosystèmes d'une extrême biodiversité, mais très fragiles. Les végans peuvent directement impacter ces écosystèmes au travers de leur manière de se vêtir, de se chausser, mais aussi de se nourrir. À l'échelle mondiale, la culture du soja, la meilleure source végétale de protéines pour les végans, est l'une des principales causes de la déforestation de la forêt amazonienne, considérée comme la plus grande forêt primitive et le poumon de la planète. Quant aux produits dérivés du soja, comme le tofu, préparation fermentée de soja, une étude néerlandaise récente a montré que la production d'un kilogramme de tofu produisait 2 kg d'équivalent CO2, contre 3 kg pour un kilogramme de poulet. L'empreinte carbone du tofu est donc presque la même que celle de la volaille, un bilan écologique assez difficile à justifier.

Puisque nous parlons d'arbres, revenons un peu sur les fondements du véganisme. Le véganisme repose sur la notion que les animaux sont des êtres sensibles. Il s'agit d'un parti pris, car finalement, tous les êtres vivants ne peuvent-ils pas être considérés comme sensibles ? Finalement, les végans n'ont pas de preuves scientifiques démontrant qu'un ver de terre souffre plus qu'une salade ou que n'importe quel animal. Certains vers nématodes ne possèdent aucun système nerveux central, et sont donc considérés par les biologistes comme des êtres insensibles, ce que rejettent les végans. Mais à l'opposé, tous les végétaux ont comme tous les animaux un système immunitaire et des capacités à échanger des informations entre eux. Ne pourrait-on pas les considérer comme sensibles ?

À ce propos, Peter Wohlleben a récemment publié un ouvrage sur la sensibilité des arbres, *The Hidden Life of Trees* (*La vie cachée des arbres*), devenu un véritable best-seller. L'auteur y expose les impressionnantes capacités des arbres, leur intelligence, leur adaptabilité, et leurs capacités à communiquer entre eux. Sans aller jusqu'à demander de ne plus utiliser les arbres, il prône le respect et une exploitation écologique des forêts, notamment au niveau des méthodes de coupe et du transport des arbres coupés par des chevaux. Accusé par ses détracteurs de donner une image anthropomorphique aux arbres, ce spécialiste de la gestion forestière apporte un nouvel éclairage sur la vision que l'homme a du monde végétal.

Le végan considère l'animal comme son égal, mais que fait-il des végétaux, sans lesquels nous ne pourrions pas vivre sur Terre et qui se sont adaptés à tous les milieux de vie, bien avant les animaux et l'homme ? Si tous les animaux doivent être considérés sur le même plan que l'Homme, sans distinction aucune, alors il faudrait songer à la place du végétal, totalement oublié dans les revendications environnementales et philosophiques du véganisme. Mais se poserait alors un sérieux problème : que mangerions-nous ? Comment nous habillerions-nous ? Comment nous logerions-nous ? Volontairement ou non, le véganisme se borne à des limites qu'il croit parvenir à maîtriser. Et pourtant, nous avons bien montré que le véganisme ne peut se targuer d'être absolument écologique et à 100 % pour le bien-être animal.

Un végan, par son alimentation, sa manière de s'habiller ou de prendre soin de lui-même, impacte l'environnement et participe à certains désastres écologiques. Mais le phénomène prend une tout autre ampleur si l'on considère toute la communauté végane, voire l'ensemble de la population si elle devenait végane demain. Produire à grande échelle suffisamment de ressources végétales pour tous les êtres humains serait un désastre écologique, potentiellement bien supérieur à celui de l'homme exploitant à la fois le végétal et l'animal.

> Éloge de la modération

DE L'ULTRA VÉGAN AU FLEXITARIEN CONVAINCU : UNE NÉCESSAIRE MODÉRATION

Nous l'avons vu au travers de multiples exemples ; si l'omnivore contribue à son niveau au désastre écologique actuel et impacte le règne animal, le végan ne parvient pas à s'affranchir totalement de ces deux influences. Au contraire, sur certains aspects, son bilan pourrait être plus négatif que celui de l'omnivore.

Le locavore, qui choisit les produits qu'il consomme dans un secteur géographique au plus près de son lieu de vie, a un impact carbone beaucoup moins élevé que le végan qui, pour satisfaire ses besoins nutritionnels, mange du soja, boit du « lait » d'amande et consomme régulièrement des avocats. L'omnivore qui s'habille en vêtements de laine préserve la santé des moutons, sans détruire l'environnement, alors que le végan entretient l'industrie pétrolière et favorise l'industrie du coton, l'une des formes d'agriculture les plus délétères actuellement. Pourtant, les revendications du mouvement végan sont louables.

La grande majorité des individus souhaite le bien-être animal et veut préserver l'environnement. Reste seulement à trouver les bons moyens pour y parvenir. Le véganisme ne parvient pas à respecter ses propres revendications et à atteindre ses objectifs, sans doute parce qu'il est catégorique et systématique dans son refus de tout produit d'origine animale. Introduire de la modération et une certaine tolérance pourrait permettre au végan de réellement défendre la cause animale, en réduisant son impact sur l'environnement.

UN MOUVEMENT TROP CATÉGORIQUE

Sur le plan de l'alimentation, le flexitarien dénonce souvent les dérives de l'agriculture intensive et cherche à réduire sa consommation de produits animaux, sans tenter de s'en passer totalement. Il répond ainsi aux recommandations des autorités de santé publique et de certaines associations environnementales qui préconisent tout simplement la modération. Ainsi, la puissante association écologique Greenpeace incite la population mondiale à réduire sa consommation de viande à environ 230 grammes par semaine et celle de produits laitiers à 0,5 litre de lait par semaine. Une telle réduction permettrait une meilleure équité entre les pays et une réduction significative de la pression exercée sur l'environnement par l'élevage. L'élevage en mode écologique est recommandé : par exemple, le pâturage des bovins et des ovins dans les alpages, des terres qui ne sont disponibles que pour l'élevage, ou encore sur les terres en jachère pour assurer la rotation des cultures.

Greenpeace considère que le véganisme ne peut être généralisé à l'ensemble de la population mondiale, mais doit rester l'apanage d'une minorité. Faut-il rappeler que dans certaines régions du monde, des populations vivent uniquement de l'agriculture de subsistance ou de la pêche locale ? Car le maître-mot pour préserver l'environnement reste la proximité. Limiter les transports contribue au moins autant à réduire l'impact environnemental que diminuer l'élevage. Si le locavorisme est souvent incompatible avec le véganisme, les flexitariens peuvent facilement devenir locavores.

Par ailleurs, dans leur approche, les végans semblent avoir oublié un concept fondamental. L'homme fait partie intégrante d'un écosystème, qui comprend une multitude d'espèces végétales et animales, qui interagissent toutes entre elles. De nombreux animaux se nourrissent d'autres animaux. L'ours mange du miel, le thon consomme d'autres poissons, les baleines engloutissent des tonnes de krill. Ces animaux seraient-ils nuisibles à leur environnement et aux autres animaux, parce qu'ils consomment des produits d'origine animale ? Ils en ont simplement besoin, car leur identité biologique les définit ainsi. L'homme est biologiquement omnivore. Il doit réduire raisonnablement ses apports en produits d'origine animale, mais pourquoi devrait-il s'en passer totalement ?

Dans le véganisme, tous les modes d'élevage sont logés à la même enseigne et considérés comme une maltraitance animale, nuisible à l'environnement. Certains végans ont même une vision très critique des végétariens ou des végétaliens. Pourtant, nous l'avons montré au travers de multiples exemples, le végan semble plutôt mal placé pour se positionner en donneur de leçons. Le véganisme, s'il attire sur lui les regards et bien souvent les critiques, devrait réfléchir à ses propres concepts, à ses conséquences et redevenir plus tolérant vis-à-vis de ses pairs, des animaux et des plantes, de la nature en somme. L'homme n'est pas un acteur qui serait placé en dehors de l'écosystème, qui le regarderait de haut et pourrait le manipuler à souhait ou s'en détacher à son gré. L'homme est dans l'écosystème – notre fragilité face aux colères de la Nature en témoigne souvent tristement – et à ce titre, il l'impacte et impacte donc les animaux, les végétaux, bref ; tous les organismes vivants. D'ailleurs, chaque organisme vivant impacte tous les autres, c'est la définition même d'un écosystème !

DE LA MODÉRATION POUR MIEUX RÉPONDRE AUX OBJECTIFS

Étonnamment, personne ne remet en cause le végétarisme ou le flexitarisme, un terme que, d'ailleurs, presque personne ne connaît. Le végan considère bien souvent les omnivores, les végétariens et les végétaliens comme des destructeurs de l'environnement et des opposants à la cause animale... D'où l'émergence de nombreuses voix contre le véganisme. En pratique, le mode de vie végan, si tant est qu'il soit justifié d'un point de vue d'une défense de la cause animale, semble impossible à généraliser à l'ensemble de la population. Les végans n'apportent en réalité aucune solution viable sur l'avenir de l'animal, domestique ou d'élevage, si l'homme arrêtait demain d'utiliser tout produit d'origine animale. Peut-être parce qu'intrinsèquement, ce mode de vie connaît ses incohérences et son incapacité à répondre correctement à ses propres finalités. Ce modèle est loin de faire l'unanimité et reste à ce jour la conviction de quelques individus parmi tant d'autres qui continuent de vivre comme avant.

Si le véganisme, dans son absolutisme, peut apparaître dans certains cas comme un remède pire que le mal, il a néanmoins des intentions louables, car l'homme est certainement allé trop loin dans bien des domaines. À nouveau, un retour à la modération s'impose. Mais si au lieu de renier des millénaires d'histoire évolutive, l'homme tentait simplement de revenir à un mode de vie plus simple, plus respectueux et donc garant de certaines valeurs éthiques ? Différents exemples de retour à une agriculture durable, respectueuse de l'environnement et de l'animal commencent à fleurir un peu partout.

Le développement des machines agricoles a considérablement épuisé les sols, au moins autant que l'utilisation intensive de produits agrochimiques. Aujourd'hui, des agriculteurs reviennent à des savoirs ancestraux, plus respectueux de la terre, pour cultiver leurs sols. Ainsi, dans divers endroits de France, des vignerons réintroduisent dans leurs vignes la traction animale par le cheval. Les champs travaillés par le cheval favorisent la biodiversité des sols, permettant d'obtenir des vignes plus vigoureuses et plus saines, le tout avec un bilan carbone bien moindre. Dans ce contexte, l'homme travaille main dans la main avec l'animal, dans le respect de la nature.

Partons sur les plateaux tibétains où l'homme et le yak vivent ensemble de manière nomade depuis plus de 10 000 ans. Le yak est particulièrement adapté à l'altitude et aide les hommes pour le port de charges lourdes. Le lait de yak est également transformé en beurre et en fromage. Le cuir est utilisé pour confectionner des vêtements. Les poils servent à faire des cordes et les excréments sont utilisés comme combustibles. Même le mucus que le yak sécrète en transpirant est utilisé pour se protéger du froid.

L'élevage des yaks est bien loin des fermes industrielles que nous connaissons dans nos pays industrialisés. Cette espèce évolue en liberté dans les prairies d'altitude toute l'année, sauf au moment des fortes chutes de neige, où les hommes la protègent du froid. La traite des yaks et la fabrication des produits laitiers sont manuelles ; la viande est séchée au soleil et à l'air froid et sec. Preuve s'il en est du respect de l'animal, le yak est considéré comme un être sacré dans le bouddhisme tibétain.

En matière d'habillement, la fibre la plus écologique qui soit est certainement celle de chanvre. Dès le VIe siècle, les Asiatiques l'ont utilisée pour s'habiller, et en Europe, le chanvre est utilisé depuis le Moyen Âge pour confectionner des vêtements. Après avoir été longtemps remisé, le chanvre revient en force aujourd'hui, avec de nombreuses applications, dans l'isolation, le papier, les textiles, ou l'alimentation. La France est depuis 2013 le premier pays producteur de chanvre, avec une culture très respectueuse de l'environnement. S'habiller avec du chanvre est une alternative écologique et locale aux fibres synthétiques, mais aussi au coton.

Enfin, l'Homme utilise depuis longtemps les bois de cerf pour de multiples applications :

- dans la médecine traditionnelle orientale ;
- comme marqueur de la pollution environnementale ;
- en tant que matériau pour la médecine humaine et vétérinaire.

Impossible de nuire à l'animal en utilisant ces bois, le cerf les perd de lui-même chaque année entre décembre et janvier. À chaque printemps, sous l'action de la testostérone, les bois repoussent jusqu'à l'automne suivant. Pourquoi l'homme se priverait-il d'utiliser ces bois de cerf, certes d'origine animale, alors même que l'animal les perd de lui-même et ne s'en préoccupe pas ? Est-il préférable de remplacer ces bois de cerf par des substances synthétiques, qui nécessitent des produits chimiques et du transport ?

Ces exemples apportent la preuve que, bien souvent, le retour à la nature ne se fait pas en se détournant de l'animal, mais en avançant avec lui, dans un respect mutuel.

UN MOYEN QUI NE PARVIENT PAS À SES FINS

Le véganisme est une conception et une vision des choses, mais certainement pas une vérité absolue. Nous sommes tous d'accord sur les dérives intolérables de l'exploitation animale, les élevages en batterie, les conditions indignes d'abattage, de transport de certains animaux, etc. Mais les relations entre l'homme et l'animal ne s'arrêtent pas là. Il est impossible d'assimiler ces dérives à tout ce qui unit l'homme à l'animal depuis des millénaires. Prenons l'exemple des dauphins. Pourquoi ramènent-ils certains marins perdus vers le rivage ? Ou les chiens, pourquoi ne s'enfuient-ils pas lorsque nous ouvrons la porte de la maison ?

Si, demain, l'ensemble de la population mondiale voulait – ou pouvait – vivre végan, avec une parfaite égalité entre l'homme et l'animal, que deviendraient les animaux livrés à eux-mêmes ? Les végans sont-ils prêts à céder leur terrain, leur place pour que les animaux évoluent dans un espace suffisant ? Il faudrait aussi arrêter toute utilisation d'énergie fossile, donc tout transport par bateau ou avion d'amandes, d'avocats ou de quinoa ! L'homme devra cesser de se laver, de marcher, pour ne pas nuire à tous les petits animaux invisibles qui sont sur sa peau, sous ses chaussures. En se prêtant au jeu, l'application du mode de vie végan à tous les aspects de la vie finit par se révéler totalement impossible en pratique, à moins peut-être de supprimer l'homme...

Une telle transposition apparaît tout simplement irréaliste. Prenons donc de la hauteur. Le véganisme ne répond pas à ses objectifs, alors qu'il ne concerne actuellement qu'une minorité de personnes dans les pays développés. Allons parler véganisme dans le désert africain, au fond de la forêt amazonienne ou au cœur de la banquise. Si, déjà à petite échelle, le véganisme ne préserve pas l'environnement et ne protège pas les animaux, qu'en serait-il à grande échelle ? Dans ces conditions, il est impossible d'envisager sereinement une généralisation du véganisme à la population des pays développés, et encore moins à l'ensemble de la planète.

Chacun, à son niveau, peut réfléchir à son impact sur l'environnement, à sa relation avec les espèces animales et la nature, d'une manière générale. Le choix de devenir végan repose généralement sur une prise de conscience que l'homme impacte de manière trop nuisible son environnement et les animaux. À chacune de nos décisions, il nous appartient d'en mesurer les conséquences et d'en tirer des conclusions. À la lecture de ces pages, combien de végans peuvent encore prétendre que le véganisme répond à *tous* les problèmes de santé, d'environnement ou de bien-être animal ? Le locavorisme, le flexitarisme, le végétarisme, le zéro déchet, la permaculture... sont autant de solutions envisageables pour atténuer notre impact sur le fonctionnement de l'écosystème, sans pour autant risquer de le déséquilibrer. Le véganisme, quant à lui, apparaît trop strict, trop catégorique et trop systématique, pour répondre pleinement à ses objectifs.

CONCLUSION

Après des millénaires d'évolution et deux siècles de progrès scientifiques sans précédents, l'homme moderne, ou plutôt l'homme de quelques sociétés privilégiées modernes, se met en tête de bouleverser son alimentation, mais aussi tous les aspects de sa vie quotidienne. Alors qu'une partie de son succès évolutif est justement basée sur sa capacité à avoir pu utiliser et maîtriser son environnement, il s'en détourne brusquement, en tout cas il fait une croix sur toute la partie animale de son environnement.

À l'heure des prises de conscience des changements climatiques et d'un impact anthropique délétère, la solution apportée par le véganisme est l'abolition catégorique et systématique de l'utilisation de l'animal, y compris lorsque l'animal en a besoin pour sa propre survie. Pour asseoir ce mouvement d'opinion, ses fondateurs et ses adeptes appuient leur discours sur quelques messages forts : défendre la cause animale, préserver l'environnement, prendre soin de sa santé. Nous l'avons clairement vu, sur chacun de ces trois thèmes, le véganisme peut facilement être mis en échec, et la liste des exemples décrits dans ce livre est certainement non exhaustive. Pourtant, les végans souhaitent souvent imposer aux autres leur vision, qu'ils élèvent au rang de solution universelle. Mais le véganisme, déjà incapable de répondre à ses objectifs à petite échelle, est tout simplement inenvisageable à l'échelle de la population mondiale.

Pour vivre sainement (en bonne santé) et proprement (sans dommages collatéraux sur les animaux et l'environnement), le véganisme n'est pas la solution. Il peut, certes, demeurer la finalité d'une minorité, à condition qu'elle comprenne et admette ses limites et fasse alors preuve de tolérance. Des alternatives à plus grande échelle doivent être trouvées pour allier demain l'homme, l'animal et leur environnement ! D'autres approches, comme le flexitarisme, le locavorisme, la permaculture ou encore le « zéro déchet », peuvent sur certains points se montrer beaucoup plus positifs que le véganisme pour préserver l'environnement et la biodiversité, et donc défendre la cause animale et préserver notre santé !

Dépôt légal : juin 2019

Achevé d'imprimer en mai 2019 par TypoLibris.